Limita & Dirige

Manual de Estudiante

Matthew L. Ferrara, Ph.D.
Psicólogo Clínico y Forense
2500 West William Cannon Drive
Suite 703 Austin, TX 78745
Tele: 512-708-0502 Fax: 512-708-0557
mferraraphd@outlook.com

Imagen en Portada: El fénix es una colorida ave mítica hecha de fuego. De acuerdo a la leyenda, el fénix puede vivir tanto como 1,000 años y al final de su vida, construye un nido, se instala en el nido y lo enciende en fuego. El fénix se levanta de las cenizas del nido y es más fuerte de lo que era en su vida anterior. El fénix es un símbolo de renacimiento, cambio y renovación. El mito del fénix es un mito tan popular que muchas culturas antiguas lo adoptaron incluyendo Roma, Grecia, Egipto, China y Fenicia.

Tabla de Contenido

MÓDULO TRES: AUTO-CONTROL

MÓDULO CUATRO: GRUPO DE APOYO

MODULO CINCO: PREPARACIÓN PARA UN ESTILO DE VIDA CIUDADANO

APÉNDICES

Querido compañero de viajes,

Sé que te encuentras emprendiendo un viaje. Puede que yo no haya pasado por el mismo camino que tú, pero he viajado lejos y por muchos lugares. He aprendido algo sobre los viajes y los viajeros. Lo primero que debes saber es que viajar y ser un viajero no es lo mismo – así como la persona y el camino son diferentes. Un viajero elige viajar. La persona elige el camino. La clave es la elección.

Aun cuando la clave es la elección, debes entender que tú no eres tus elecciones. Tú tomas decisiones pero no eres tus decisiones. Tú eliges un camino pero tú no eres el camino. Tú eres mucho más que eso. Una persona es la suma de sus experiencias, intuiciones, valores, emociones, y conocimientos, según expresados por sus acciones. Estamos a cargo de nuestras elecciones. No somos nuestras elecciones.

Si tomaste una mala elección en el pasado, eso no te convierte en una mala persona. Si tomaste una mala elección en el pasado, tu elección estuvo mal. Es posible que el camino que tomaste estuviera mal – pero nada de eso te hace malo. Así como la persona no es el camino, un mal camino no hace una mala persona.

Malas elecciones pueden llevar a un mal camino. En tu vida solo encontraras unos pocos cruces de camino significativos. Las decisiones que tomes en estos cruces van a darle forma a tu vida: toma malas decisiones y tendrás una mala vida; toma buenas decisiones y tendrás una buena vida.

Si has tomado malas decisiones en el pasado, probablemente no te gusta la vida que tienes en estos momentos. Hay buenas noticias para ti, mi compañero de viaje: tú puedes cambiar tu camino. Puedes tomar decisiones diferentes. Tú puedes cambiar.

Un viaje requiere cambios. Cada paso trae una nueva perspectiva. Cada paso trae cambios. No tengas miedo del cambio – acógelo.

No puedes detener el cambio. Aun si tratas de dejar tus pies plantados en el camino y tratas de no dar ni un paso, el camino va a cambiar por sí mismo – así como todo a su alrededor. Vas a experimentar cambios quieras o no, así que por qué no elegir el cambio que tú quieres. Pero, elige sabiamente – especialmente si estás en un cruce de caminos.

Nunca olvides, mi compañero de viaje, que tú no eres el viaje – tú eliges el viaje. Tú no eres tus decisiones – tu tomas tus decisiones. Viajar es cambiar, y el cambio no se puede evitar. Toma buenas decisiones y tendrás una buena vida. Toma malas decisiones – y, bueno, siempre puedes cambiar.

Sinceramente, Un compañero de viaje

1

Hoja de Seguimiento de Tareas

Módulo Uno: Orientación y Preparación para el Cambio

Fecha	Iniciales del Personal	Meta – Prepararse para el tratamiento por medio de la adquisición de conocimientos básicos.
		1. Errores de pensamiento
		2. Registro de pensamientos
		3. Vías Criminales
		4. Conducta Criminal vs. Conducta Ciudadana
		5. Honestidad
		6. ¿Cómo Cambiar?
		7. ¿Por Qué Debo Cambiar?
		8. Los Pensamientos Conducen a las Emociones y la Conducta
		9. El Sándwich de Por Qué
		10. ACE: Técnicas de Auto-Control
		11. Mi Papel como Miembro de Mi Equipo de Tratamiento
		12. Prueba del Módulo

Módulo Dos: Honestidad sobre tu Conducta Criminal

Fecha	Iniciales del Personal	Meta – Revelar todo sobre tu ofensa e historia. Demostrar que has sido honesto pasando un polígrafo sobre tu ofensa.
		1. Mis Pensamientos Antes de Mi Ofensa Actual
		2. La Forma en que Me Sentí Sobre Mi Ofensa Actual

2

		3. Mis Fantasías Sobre la Víctima
		4. Mi Doble Vida
		5. TAREA GRUPAL: HOJA DE TRABAJO PARA RESUMEN DE OFENSA
		6. Lo que Aprendí Sobre Mí Mismo con Mi Hoja de Trabajo para Resumen de Ofensa
		7. Cuestionario de Historia Criminal
		8. TAREA GRUPAL: WHAT I LEARNED ABOUT MYSELF FROM MY CRIMINAL HISTORY

Módulo Tres: Auto-Control

Fecha	Iniciales del Personal	**Meta** – Desarrollar destrezas para controlar tus conductas y deseos criminales y para asegurar que tengas No Más Víctimas.
		1. ¿Cuáles son los Escalones?
		2. Afrontando los Detonantes
		3. Afrontando los Errores de Pensamiento
		4. Afrontando las Emociones
		5. Afrontando los Impulsos
		6. Afrontando la Preparación
		7. TAREA GRUPAL: PLAN PARA SALIRTE DE LOS ESCALONES

Módulo Cuatro: Grupo de Apoyo

Fecha	Iniciales del Personal	Meta – Identificar las personas que pueden ayudarte a no regresar a usar conducta criminal.
		1. Necesito la Ayuda de Aquellos que me Aman
		2. Las Personas en Mi Grupo de Apoyo
		3. Carta a Mi Grupo de Apoyo
		4. **TAREA GRUPAL: CONTRATO CON MI GRUPO DE APOYO**
		5. Cuidado con las Divisiones
		6. Solución de Problemas para el Grupo de Apoyo

Módulo Cinco: Preparación para un Estilo de Vida Ciudadano

Fecha	Iniciales del Personal	Meta – Completar tareas que te ayuden a mantener los cambios positivos que hiciste durante el tratamiento.
		1. ¿Cuáles son Mis Viejos Hábitos?
		2. **TAREA GRUPAL: CONTROL DE HÁBITOS**
		3. Haciendo Que el Cambio sea Duradero
		4. Mis Situaciones de Alto Riesgo
		5. Afrontando las Recaídas
		6. **TAREA GRUPAL: RESUMEN DE ALTA**

Introducción

Muchas personas ven la vida como si fuera un restaurante de comida rápida, lo que les lleva a decir: *"Yo quiero lo que quiero. Lo quiero ahora, y si no me lo das, lo agarro"*. ¿Conoces a alguien que piensa de esa manera? ¿Piensas tú de esa manera?

Ver la vida como un restaurante de comida rápida suena como una buena forma de tener lo que quieres… ¿o no? Echemos un vistazo a algunos conceptos básicos para ver si el enfoque de la vida como restaurante de comida rápida es tan bueno como parece.

Estás en la Minoría – Se pueden contar el número de adultos en los Estados Unidos que ven la vida como restaurante de comida rápida. Están en prisión. Para finales del 2012, había alrededor de 1,570,000 hombres y mujeres en prisión en los Estados Unidos. Al mismo tiempo, había alrededor de 312,800,000 Americanos fuera de prisión. Los buenos le llevaban una ventaja de 312 a 1 a los malos. ¿Es esa una gran diferencia? Veamos: Imagina que una pelea está a punto de comenzar. Hay 312 muchachos a un lado y un muchacho al otro lado. ¿En qué lado quieres estar? Sin hacer trampa – no puedes decir que le vas a ganar a los 312 muchachos buenos. Si contestas la pregunta honestamente, dirías que quieres estar en el lado de los 312 muchachos, y no quieres ser el chico solitario que está a punto de ser destruido. Si ves la vida como un restaurante de comida rápida, estás en la minoría. Eventualmente, los muchachos buenos te van a alcanzar y tu vas a perder la pelea.

Te Van a Atrapar – Vamos a seguir con la idea de que existen 312 muchachos buenos por cada muchacho malo en los Estados Unidos. Imagina que un muchacho malo es muy, muy, muy listo. Es tan listo que ha elaborado el crimen perfecto, o por lo menos eso piensa. El comete el crimen "perfecto". ¿Cuán perfecto tiene que ser el crimen perfecto? Tiene que ser tan perfecto como para engañar a los 312 muchachos buenos. El primer muchacho bueno que investigue el crimen perfecto puede que no logre resolver el crimen. El segundo y el tercer muchacho puede que no resuelvan el crimen tampoco, pero quizás el muchacho bueno número 133 que investigue el crimen use una nueva tecnología para combatir el crimen. Este muchacho bueno se reúne con algunos de los otros muchachos buenos que investigaron el crimen y ... ¡bingo! El crimen está resuelto. El muy, muy, muy listo muchacho malo es atrapado y puesto tras las rejas por un muy, muy, muy largo tiempo.

No es una Buena Manera de Hacer Dinero – Algunas de las personas que ven la vida como un restaurante de comida rápida piensan que ese enfoque es una buena manera de hacer dinero. No lo es. Se pueden usar muchos ejemplos, pero tomemos en consideración el tráfico de drogas. El traficante de drogas dice: *"Yo no pienso levantarme a las siete de la mañana para ir a trabajar y trabajar por ocho horas y que solo me paguen 80 dólares. Puedo hacer 1,000 dólares al día vendiendo drogas".* Él tiene razón. Mil dólares al día es mucho más dinero que 80 dólares al día... si el único día que miras es el día en que se venden las drogas. Digamos que el traficante hace 1,000 dólares un día y al siguiente día lo arrestan. Cuando va a corte, lo sentencian a un año en prisión. Usualmente a los traficantes de drogas les dan más de un año, pero para propósitos de este ejemplo, vamos a quedarnos con un año como la cantidad de tiempo que el traficante de drogas pasa en prisión. Para saber cuánto hace el traficante de drogas por día, divide 1,000 dólares por los 365 días que pasa en prisión - la contestación es $2.74. El traficante de drogas en realidad hace $2.74 por día, mientras el ciudadano hace $80.00 por día. Si miras el ingreso anual, el muchacho malo hace $1,000.00 al año y el muchacho bueno hace $13,000.00 al año. Ver la vida como un restaurante de comida rápida NO es una buena manera de hacer dinero.

No te Puedes Quedar con lo que No te Pertenece – ¿Has visto lo que pasa con las cosas que le "pertenecen" a los muchachos malos cuando los arrestan? Cuando los muchachos malos son arrestados, la ley toma sus casas, carros, joyería, ropa, y juguetes y los vende. Cualquier cosa que los muchachos malos obtienen, por ver la vida como restaurante de comida rápida, se les puede quitar. ¿Y qué pasa con el ciudadano[1] que con trabajo se gana lo que tiene? Si un muchacho malo le quita a un muchacho bueno su carro, joyería, juguetes u otras pertenencias, los oficiales de la ley le pueden regresar sus pertenencias al muchacho bueno. Los ciudadanos pueden quedarse con sus pertenencias porque se las ganaron – lo que no es así para los muchachos malos.

Ver la Vida como Restaurante de Comida Rápida Conlleva Menos Libertad – El muchacho malo que ve la vida como restaurante de comida rápida a menudo asegura que esta visión le da más libertad, dice: *"No tengo que ir al trabajo o la escuela. No me tengo que*

---

[1] Aquí ciudadano se refiere a las personas que cumplen con la ley y no necesariamente a su estatus migratorio.

6

levantar a una hora en particular. Me quedo en la calle hasta tarde". Todas esas cosas son ciertas. Esto también es cierto: cuando el muchacho malo satisface sus necesidades viendo la vida como restaurante de comida rápida, la ley dice que el muchacho malo está fuera de control, así que ellos intervienen para controlarlo. Una vez está bajo el control de la ley, el muchacho malo tiene mucho menos libertad. Así que si piensas que vale la pena estar en probatoria – o prisión solo para disfrutar un período corto de "libertad", sigue adelante con esos planes. Una persona sensata no lo haría.

Puedes creer lo que quieras creer en cuanto a ser un muchacho malo o acerca de ver la vida como un restaurante de comida rápida, pero los números no mienten. Si eres un muchacho malo, te van a atrapar. Aun si eres un muchacho malo muy, muy, muy listo, te van a atrapar y vas a tener que pagar. Mientras estas pagando, estás perdiendo tiempo, libertad, dinero, y pertenecías. Durante ese tiempo, los ciudadanos están haciendo más dinero, tienen más libertad, pasan el tiempo de la manera que quieran, y están obteniendo más pertenencias. Puedes creer lo que quieras, pero un muchacho listo sacaría cuentas… y preferiría ser un muchacho bueno.

El Propósito de Este Manual

Si estás usando el Manual Limita y Dirige, significa que has visto la vida como un restaurante de comida rápida y, en consecuencia tu conducta ha lastimado a alguien. La meta de este manual es ayudarte a hacer la transición de tu "viejo yo" a tu "nuevo yo". Si haces eso, serás feliz y exitoso, y lograras la meta de **¡No Más Víctimas!**

Es muy importante que entiendas que aun si eres un ciudadano, puedes satisfacer todas tus necesidades y muchos de tus deseos. Cuando haces la conversión a ser un ciudadano, la forma en que satisfaces tus necesidades cambia.

- **Viejo yo** – Cuando vez la vida como un restaurante de comida rápida, satisfaces tus necesidades en una manera en que otros son lastimados y no pueden satisfacer sus propias necesidades.

- **Nuevo yo** – Como un ciudadano, satisfaces tus necesidades en una manera que le permite otros también satisfacer sus propias necesidades.

No está bien lastimar a otros solo para tener lo que quieras. Cada vez que haces eso, creas una nueva víctima. Si satisfaces tus necesidades de la misma manera que lo hacen los ciudadanos, puedes vivir una buena vida, una vida feliz y exitosa y podrás decir **¡No Más Víctimas!**

Estructura de este Manual

Este manual está dividido en módulos. Un módulo es un conjunto de tareas terapéuticas que tienen que ver con un asunto terapéutico en particular.

- **Orientación** – Este módulo cubre la información básica que se usa en el tratamiento. Vas a aprender importantes ideas, vocabulario, y técnicas de auto-control.
- **Honestidad Sobre tu Conducta Criminal** – Este módulo se enfoca en las maneras en que tu conducta ha causado daño a otros. Vas a examinar la conducta que hizo que te pusieran en este programa de tratamiento. Además, examinas tu historial de comportamiento inapropiado. La meta de ser honesto en cuanto a tu conducta tiene dos propósitos. Primero, necesitas ser honesto y desahogarte. Segundo, necesitas poder ver tus patrones personales de conducta inapropiada.
- **Auto-Control** – Este módulo te ayuda a desarrollar auto-control. Cuando satisfacías tus necesidades creando víctimas, tú estabas fuera de control, es por eso que otros tuvieron que intervenir para controlarte. ¿Te gustaría tener más libertad e independencia? Si es así, aprende auto-control. Si usas auto-control, nadie más tendrá una excusa para intervenir y controlarte.
- **Tu Grupo de Apoyo** – Este módulo te ayuda a obtener apoyo de las personas en tu vida que son ciudadanos.
- **Preparándote para una Vida de Ciudadano** – Para el momento en que comiences a trabajar en las tareas de este módulo, probablemente ya habrás hecho cambios mayores

en tu vida. Las tareas de este módulo te ayudan a mantener los cambios positivos que has hecho.

Las tareas en estos módulos han sido cuidadosamente desarrolladas para ayudarte a ser feliz y exitoso usando la conducta de un ciudadano. Si sigues las guías y principios en este manual y comienzas a ser feliz y exitoso, automáticamente vas a alcanzar la meta de este programa de tratamiento: **¡No Más Víctimas!**

Tareas

En este programa, tú completas las tareas de este manual en tu propio tiempo, no durante el tiempo de la terapia. Piensa en las tareas como asignaciones para completar por tu cuenta. Sea una sesión de terapia individual o una sesión de terapia grupal, trae contigo una tarea terminada.

Las tareas en este manual se van construyendo una sobre otra. Las tareas que completas en un módulo te ayudan a completar las tareas en el próximo módulo. Por ejemplo, las tareas en el módulo de Orientación te van a ayudar a completar las tareas del módulo de Honestidad Sobre Tu Conducta Criminal

Además, las tareas dentro de un mismo módulo se van construyendo una sobre la otra. Específicamente, las tareas previas a una tarea grupal te ayudan a completar la tarea grupal. Son muy pocas la tareas que vas a presentar durante una sesión de terapia grupal, así que la mayoría de tus tareas van a ser revisadas cuando te reúnas individualmente con tu proveedor de tratamiento.

Usando la Retroalimentación del Grupo

Cuando presentes una tarea en una sesión grupal, usualmente vas a recibir mucha retroalimentación. La retroalimentación, o *feedback* como se le conoce en inglés, se refiere a las reacciones, observaciones, o respuestas que tienen otras personas cuando te escuchan. Miembros del grupo y tu proveedor de tratamiento van a señalar cosas de las que no te has dado cuenta. Cuando recibas retroalimentación, tu trabajo consiste en escribir las observaciones que te ofrezcan. Después de la sesión de grupo, usas la retroalimentación para revisar tu tarea. Luego vas a presentar la tarea nuevamente en una sesión de grupo posterior. Vas a continuar presentando una tarea una y otra vez hasta que los miembros del grupo y el proveedor de tratamiento la aprueben.

No te preocupes si recibes mucha retroalimentación. Todo el mundo tiene puntos ciegos, o *blind spots* como se le conoce en inglés. Los puntos ciegos son áreas en las que no puedes verte a ti mismo como realmente eres. Es vergonzoso pero cierto: aun si no podemos ver dentro de nuestros propios puntos ciegos, otras personas sí pueden.

	Conocido	**Desconocido**
Persona	Auto-Conocimiento	Punto Ciego
Otros	Persona Pública	Persona Privada

Aun cuando puede ser vergonzoso, es de utilidad tener a otras personas señalando cosas de las que no te das cuenta. En terapia, cuando alguien te señala uno de tus puntos ciegos, puedes mirarte mejor a ti mismo. Tu punto ciego se vuelve más pequeño en la medida en que aumentas tu auto-conocimiento.

Probando que has Cambiado

Las cosas que aprendes completando las tareas de este manual tienen que hacer una diferencia en la forma en que te comportas. Dicho de otra manera, lo que aprendes durante una sesión de tratamiento tiene que hacer una diferencia en la forma en que te comportas fuera de las sesiones de tratamiento.

Este programa no se trata de completar tareas. Este programa es para cambiar la manera en que piensas, sientes, y actúas, para que alcances la meta de **¡No MÁS Víctimas!** En este programa, hay tres maneras en las que puedes probar que has cambiado.

Primero, puedes probar que has cambiado por la forma en que te comportas durante las sesiones de terapia de grupo. Hay dos cosas que puedes hacer durante las sesiones de terapia grupal: dar ayuda y recibir ayuda. Tú das ayuda cuando le ofreces retroalimentación a los otros miembros del grupo que están trabajando en sus tareas. Tú recibes ayuda cuando aceptas de buena manera la retroalimentación que te ofrecen.

Segundo, puedes demostrar que has cambiado por la manera en que, personas cercanas a ti, hablan sobre ti. Las personas que te conocen deben poder decir que tú has cambiado. Puedes contar con que tu proveedor de tratamiento va a hablar con tus seres queridos para determinar si has cambiado.

Tercero, el personal que trabaja contigo debe poder darse cuenta de que has cambiado. Si te encuentras en una facilidad residencial, como un hogar intermedio, centro de detención, o escuela correccional juvenil, todos los miembros del personal que tienen contacto contigo en las facilidades deben poder notar la diferencia en la forma en que te comportas. Si te encuentras en un programa ambulatorio dirigido por un proveedor de servicios, el proveedor de servicios debe poder ver que has cambiado.

Tipos de Manuales

El Manual Limita y Dirige es un tipo de manual conocido como un manual para una ofensa específica. En otras palabras, este manual tiene tareas terapéuticas que tienen que ver con tu conducta inapropiada y conductas que lastiman a otros. El tratamiento de una ofensa específica es muy efectivo porque te enseña como dejar de usar conductas dañinas.

El otro tipo de manual que se usa para ayudar individuos con problemas de conducta se llama manual psicoeducativo. Estos manuales enseñan destrezas como manejo de coraje, asertividad, y destrezas sociales. Este tipo de manual es útil porque puede enseñarte qué hacer en lugar de usar el enfoque de la vida como restaurante de comida rápida.

Usar un manual para una ofensa específica en conjunto con un manual psicoeducativo es la mejor manera de ayudar a alguien a dejar de usar comportamientos dañinos. El manual para una ofensa específica puede enseñarle a una persona qué no hacer, y el manual psicoeducativo puede enseñarle a una persona qué hacer. El tratamiento es como hacer un alto para luego continuar. Idealmente tu proveedor de tratamiento va a complementar este manual con un manual psicoeducativo.

Si solo tienes tiempo para un tipo de manual, usa el manual para una ofensa específica. Idealmente, no tendrás limitaciones de tiempo para terminar el tratamiento y tu proveedor de tratamiento podrá complementar este manual con tareas psicoeducativas.

Conclusión

Este manual no se trata de hacerte más débil. Se trata de hacerte más fuerte. Usa este manual para aprender a controlarte y van a pasar muchas cosas buenas. Vas a satisfacer tus necesidades. Vas a obtener muchas de las cosas que quieres. No tendrás que preocuparte de que nadie te quite nada. Vas a ser feliz y exitoso y vas a lograr la meta de **¡No Más Víctimas!**

Ayuda de parte de Adán

Un cliente que completó exitosamente un programa de tratamiento como este escribió lo siguientes acerca de las experiencias que tuvo durante el tratamiento. Cuando leas lo que Adán tiene que decir, piensa si tú piensas o no de la misma manera. Si no piensas como Adán, puede que no tengas la forma de pensar de alguien que tiene éxito en el tratamiento. Si no tienes la misma forma de pensar que Adán, puede que quieras cambiar tu forma de pensar.

Es lo que yo llamo los "Momentos de Transformación Mental EN EL TRATAMIENTO". Pasó cuando acepté el hecho de que ME ATRAPARON. Pasó cuando acepté el hecho de que hay PENALIDADES por mis acciones, y estas penalidades son APROPIADAS Y JUSTAS. Pasó cuando acepté que había cometido un CRIMEN contra la sociedad, contra mi víctima, contra mi familia, contra mis vecinos, y contra MI MISMO. Pasó cuando me di cuenta de que el TRATAMIENTO era para AYUDARME a entenderme a mi mismo para no volver a cometer una ofensa. Pasó cuando acepté el hecho de que las reglas del TRATAMIENTO eran buenas para mí y aprendí a controlar mi conducta. Una vez acepté estos HECHOS, hacer lo que requería el TRATAMIENTO fue muy claro y simple. El manual tenía un principio y un final. A veces estos momentos de transformación o "módulos" por los que pasé sucedieron rápido o al mismo tiempo. A veces sobrepasar el TEMOR tomó mucho esfuerzo y fuerza de voluntad. Recuerdo que, a veces, mi temor a exponerme y mi temor al castigo no me dejaron tomar pasos en la dirección correcta. Se trata de ACEPTAR en lugar de RESISTIR... ABRIR en lugar de CERRAR. Recuerda que HAY luz al final de este oscuro túnel. Al FINAL me di cuenta que estaba DE ACUERDO con los principios de lo que enseña el TRATAMIENTO. ¡Realmente FUNCIONA!!!

Módulo Uno: Orientación y Preparación para el Cambio

Errores de Pensamiento

¿Te cubres la boca antes de estornudar? Dicen que estornudar es la acción más rápida que puede hacer un ser humano - aun así puedes cubrirte la boca antes de estornudar.

¿Qué es lo más sorprendente de poder cubrirte la boca antes de estornudar? ¿Es lo rápido que puedes actuar? No, eso no es lo más sorprendente. Lo más sorprendente de poder cubrirte la boca antes de estornudar es que tienes tiempo para pensar y planificar una acción antes de que llegue el estornudo. He aquí el secreto del estornudo: **¡Siempre piensas antes de actuar!**

Tus acciones no vienen de la nada. Tú piensas y luego actúas. Aun cuando solo tienes un pequeño lapso de tiempo justo antes de estornudar, piensas antes de actuar. Obviamente, si tienes que hacer algo más complicado que cubrirte la boca, piensas más profundamente y por un tiempo más prolongado antes de actuar. Como este es un programa de tratamiento, sabes que no estaríamos hablando de estornudos a menos que fuera terapéutico. Para poder usar el secreto del estornudo, para tu beneficio en el tratamiento, debes poner el secreto de cabeza. Si haces eso, obtendrás un importante principio para el tratamiento: **si quieres cambiar tu conducta, cambia la forma en que piensas.**

Los profesionales de la salud mental han identificado una variedad de errores o fallas en el pensamiento que llevan a una variedad de problemas de salud mental. Los profesionales de la salud mental han llegado a ser tan buenos identificando pensamientos defectuosos que a este tipo de pensamiento ahora se le llama "errores de pensamiento". Los errores de pensamiento son los pensamientos que tienes que llevan a la conducta criminal. Una manera en la que puedes detener la conducta criminal es reconocer y detener tus errores de pensamiento.

Los errores de pensamiento representan la forma en que pensabas cuando eras niño. Los errores de pensamiento son la fórmula perfecta para la supervivencia del individuo. Lo que pasa es que la supervivencia del individuo, basada en los errores de pensamiento, está en conflicto con la sociedad. Otros a tu alrededor no podrán satisfacer sus necesidades si tú estás satisfaciendo tus necesidades usando los errores de pensamiento. Es por eso que tus padres y maestros pasaron tanto tiempo corrigiéndote cuando usabas los errores de pensamiento. Este proceso es llamado socialización.

La socialización es cuando tú aprendes a satisfacer tus necesidades en una manera en que otros también pueden satisfacer sus necesidades. Si no seguiste el entrenamiento que te dieron cuando niño, todavía estas usando errores de pensamiento. Necesitas aprender a reconocer y controlar los errores de pensamiento. Si puedes dejar de usar los errores de pensamiento, estarás dando pasos hacia la meta de **No Más Víctimas**.

1. JUEGO DE PODER – Sé la manera correcta de hacer las cosas pero no hago las cosas de la manera correcta. Hago las cosas a **mi manera**. Hago lo que tenga que hacer para controlar a las personas y las situaciones. Abuso de mi poder. Veo todas las situaciones como de ganar o perder y voy a hacer lo que sea, aunque sean cosas malas o ilegales, para asegurarme de ganar.

2. CANAL CERRADO – Soy de mente cerrada. No revelo mis verdaderos pensamientos y sentimientos. No acepto críticas de los demás.

3. GUARDAR SECRETOS – Desarrollo relaciones secretas con otros que pienso me van a ayudar a comportarme de manera criminal. Desarrollo relaciones secretas con personas a las que planifico hacer daño usando una conducta criminal.

4. SENTIRSE CON DERECHOS – Pienso que el mundo está en deuda conmigo. Pienso que soy mejor que otros, aun cuando no he hecho nada para ganarme ese sentimiento. Quiero que los demás me traten como alguien especial, y si no lo hacen, me da coraje... y me desquito. Pienso que la vida es injusta si no consigo lo que quiero.

5. LLEVAR CUENTAS – Llevo cuentas de las veces que otra persona me confronta, discute conmigo, o me hace algo malo. Cuando pienso que puedo abusar a la otra persona, ataco a esa persona. Trato de lastimar a esa persona para cobrarme lo que me ha hecho.

6. EGOÍSMO – No muestro preocupación o interés por los demás. No tomo en consideración los derechos y sentimientos de los demás. Hago lo que quiero, cuando quiero - sin importar a quién pueda lastimar. Soy egoísta cuando veo la vida como restaurante de comida rápida.

7. EVADIR – No contesto preguntas cuando sé que la contestación va a ser desagradable. Le paso por encima a la pregunta y contesto una pregunta diferente o cambio el tema.

8. POBRE DE MI – Trato de que otros sientan lastima por mí. Sé que si puedo lograr que otros sientan lástima por mí, puede que no me castiguen por las cosas malas que he hecho. A veces siento lástima por mí mismo para justificar el no haber seguido las reglas. A veces siento lástima por mí mismo para poder justificar el hacer cosas ilegales.

9. HACERSE LA VÍCTIMA – Trato de reemplazar la víctima haciéndome pasar como el que fue lastimado. Cuando hago esto, trato de convencer a los demás que yo salí más lastimado que la víctima.

10. LLAMAR LA ATENCIÓN – Hago cosas solo para que otros me halaguen. Mi corazón no está en lo que hago. Solo estoy tratando de que me digan "bien hecho" o "muy bien".

11. CHICO BUENO/CHICA BUENA – Uso una máscara o fachada para esconder mis pensamientos, planes y acciones criminales. Engaño a los demás haciéndome pasar por un ciudadano agradable e ideal. Les hago creer que no tengo fantasías, planes, y conductas criminales, pero sí las tengo.

12. CONFUSIÓN – Me hago el confundido aun cuando realmente sé lo que está pasando. Trato de convencer a otros de que no sé qué hacer o qué se espera de mí. Uso la confusión como una excusa para no hacer lo que se supone que haga.

13. INDEFENSIÓN – Trato de hacerle creer a otros que no puedo hacer lo que me piden porque estoy débil o porque tengo mucho estrés en mi vida. Pienso que si parezco indefenso la gente no va a esperar mucho de mí.

14. JUSTIFICAR – Trato de hacer que algo malo parezca que no es malo.

15. CULPAR – Le echo la culpa a alguien o algo por haberme hecho actuar como lo hice. Culpo a otros para evitar responsabilidad por mis acciones.

16. MINIMIZAR – Trato de que la conducta inapropiada parezca pequeña o insignificante. A veces comparo mi conducta inapropiada con conductas "peores" para yo no parecer tan malo.

17. LEER LA MENTE – Pienso que sé lo que otros están pensando. No me molesto en preguntar a otros lo que piensan o lo que es importante para ellos.

18. CORAJE – Me permito enojarme fácilmente. Dejo que mi coraje se vuelva intenso y se propague. Uso berrinches y agresión para expresar mi coraje. Cuando tengo coraje no pienso en forma normal, racional, y mi coraje puede llevar a actos criminales. A veces uso el coraje para cambiar el foco de atención de mí a otra cosa. También uso el coraje para buscar venganza. A veces me enojo, o hago como si estuviera enojado, para poder justificar el herir a alguien.

19. SUPER-OPTIMISMO – Creo que soy tan hábil y astuto que nadie me va a atrapar o darse cuenta de mis trucos y planes. Pienso que no me van a atrapar, o que si me atrapan, voy a poder convencerlos para que me dejen ir.

20. PERTENENCIA – Veo a otros como posesiones. Actúo como si fuera dueño de la otra persona. Ignoro los sentimientos y necesidades de la otra persona. Trato a la otra persona como mi propiedad personal.

21. HACIENDO A OTROS LUCIR COMO TONTOS – Hago a otros lucir como tontos públicamente o en mi mente. Exagero los errores o debilidades de otros para menospreciarlos y sentirme superior. Si lo hago en público, estoy tratando de elevar mi estatus a la vez que aplasto a la otra persona.

22. NO PODER ESPERAR – Soy impulsivo. No espero por el momento apropiado para hacer las cosas. No puedo posponer mis deseos. Hago lo que quiero cuando quiero, aunque no sea el momento correcto.

23. ABOGADO DE CARCEL – Uso argumentos legalistas para crear una nube de palabras para confundir y distraer a otros de lo que es realmente relevante. Hábilmente me enfoco en las reglas o la moral, y me escondo detrás de ellas. Me enfoco en detalles irrelevantes para desviar la atención de los asuntos reales.

24. ESTADO CERO – Cuando estoy aburrido, me siento vacío e insignificante, como que no soy nada. Siento la necesidad de hacer algo ilegal o peligroso para poder escapar mi aburrimiento.

25. SER ÚNICO – Siento que soy diferente y mejor que los demás. Pienso que como soy diferente, las reglas que aplican a otros no me aplican a mí. Sé que las reglas le aplican a otros, pero creo que si las personas se dieran cuenta de lo especial que soy, se darían cuenta que las reglas no me aplican a mí.

26. ORGULLO CRIMINAL – Me da orgullo ser un criminal. Mi autoestima está basada en mis actos y logros criminales. Los actos criminales pueden incluir ofensas criminales o meramente romper reglas y sentirme orgulloso de salirme con la mía.

Tarea

1. ¿Qué es un error de pensamiento?

2. ¿Por qué es importante aprender a reconocer y detener los errores de pensamiento?

3. ¿Cómo aprende un niño a eliminar los errores de pensamiento?

4. Define Lucha de Poder.

5. Describe lo que significa Sentirse con Derechos.

6. Define Egoísta.

7. ¿Qué errores de pensamiento usaste cuando cometiste tu ofensa actual?

8. ¿Qué errores de pensamiento has usado cuando has pensado en este programa de tratamiento?

9. ¿Qué errores de pensamiento usas más en la escuela? Explica tu respuesta.

10. ¿Qué errores de pensamiento usas más en tu casa? Explica tu respuesta.

Registro de Pensamientos

Para desarrollar la destreza de reconocer y detener los errores de pensamiento, necesitas comenzar escribiendo tus pensamientos. Después de haber escrito tus pensamientos, analiza lo que escribiste. Busca los errores de pensamiento.

El registro de pensamientos es una forma de practicar para encontrar tus errores de pensamiento. Después de usar tu registro de pensamientos por un período de tiempo, puedes desarrollar la destreza de notar tus errores de pensamiento antes de hablar o actuar.

Direcciones:

1. Tu registro de pensamientos es como un diario, de manera que probablemente debas usar algo como una libreta de espiral para tu registro de pensamiento. Imprime o usa una letra legible. Si tu letra no es legible, es probable que te requieran imprimir tu registro.

2. Escribe en tu registro una vez al día. Asegúrate de anotar el día y la hora en que escribes.

3. Escribe los pensamientos que tuviste ese día. Puedes escribir acerca de lo que hiciste o de cosas que pasaron, pero **debes siempre describir lo que pensaste** de esas cosas. Asegúrate de escribir tus pensamientos, creencias, u opiniones.

4. Asegúrate de que cada nota tenga de cinco a seis oraciones.

5. Al terminar una nota, léela y encuentra cualquier error de pensamiento. **Anota los errores de pensamiento** que hayas encontrado en el **margen izquierdo**.

6. Llena el registro de pensamientos a diario. Entrega tu registro de pensamiento una vez a la semana, o más frecuente si tu proveedor de tratamiento te lo pide.

7. Cuando tu proveedor de tratamiento te regrese tu registro de pensamientos, lee y piensa acerca de la retroalimentación del proveedor de tratamiento. Considera y mantén una actitud abierta hacia todas las observaciones, y cuando un proveedor de tratamiento te dirija a cambiar cómo escribes en tu registro de tratamiento, sigue las instrucciones del proveedor de tratamiento.

8. Continúa escribiendo en tu registro de pensamientos hasta que tu proveedor de tratamiento te pida que dejes de hacerlo.

Ejemplo

En cada anotación en tu registro, puedes mencionar tus pensamientos, emociones, y acciones; sin embargo, lo más importante es escribir acerca de tus pensamientos. En el ejemplo que sigue, los pensamientos están en letra mayúscula. Nota como las acciones y emociones pueden ser incluidas en una nota del registro, pero los pensamientos son lo más importante.

> HOY FUE UN BUEN DÍA. Comencé una nueva clase hoy. Llegué un poco tarde pero NO CREO QUE A NADIE LE IMPORTARA. Comí el almuerzo en la cafetería. PIENSO QUE LA COMIDA ES HORRIBLE. EL COCINERO DEBE SER ESTÚPIDO. Después de la escuela, fui al grupo y después fui a mi cuarto. MI COMPAÑERO DE CUARTO ES UNA PERSONA BIEN DESORDENADA. He hablado con él muchas veces sobre mantener este lugar limpio. CREO QUE A EL NO LE IMPORTA. El realmente me hace enojar. CREO QUE VOY A DESORDENAR SUS COSAS. CREO QUE ES LO QUE EL SE MERECE.

Puedes ver cómo es posible escribir tus pensamientos, emociones, y acciones para un día en particular? También es importante poder reconocer los errores de pensamiento. ¿Ves algún error de pensamiento en la nota del registro anterior? Una sugerencia: Las frases escritas todas en letras mayúsculas son pensamientos, y hay muchos errores de pensamiento que se pueden encontrar en esas frases.

Tarea

Comienza tu registro de pensamientos. Has una nota por día <u>y asegúrate de enumerar tus errores de pensamiento en el margen.</u> Entrega tu registro de pensamientos a tu proveedor de tratamiento una vez a la semana, o más a menudo si así te lo pide tu proveedor de tratamiento.

Vías Criminales

Una vía criminal es una conducta que deja pasar un impulso criminal. Así como las vías del tren dejan pasar a los trenes, una vía criminal deja pasar tus impulsos criminales. Existen dos tipos de vías criminales: crímenes y precursores al crimen. Un precursor al crimen es una conducta que podría llevar a una conducta criminal. Un crimen es cualquier conducta que rompa la ley.

Vías Criminales: Precursores al Crimen

Si una conducta no es ilegal pero lleva a un crimen, esa conducta se llama "precursor al crimen". La palabra "precursor" significa "que viene antes". Piensa en los precursores al crimen como las cosas que pasan antes de un crimen. La siguiente es una lista de vías criminales que sirven de precursores al crimen.

Mentir	Hacer trampa	Egoísmo	Insultar
Chismorrear	Maldecir	Auto indulgencia	Retar los limites
Celos	Falso orgullo	Codicia	Envidia
Desordenar	Hostilidad	Deseo intenso o "Craving"	Engañar / Guardar secretos

Recuerda que los precursores del crimen no son realmente crímenes. Por ejemplo, no existen leyes en contra de la envidia o la codicia. Sin embargo, si permites que estos valores guíen tu conducta, vas a cometer un crimen en algún momento. Como este manual se enfoca en la prevención, es importante que reconozcan y evites los precursores del crimen.

Vías Criminales: Crimen

Estas vías son en efecto crímenes. Esta es una lista de las categorías principales de los crímenes. Si no puedes encontrar en la lista un crimen en particular, busca la categoría a la que puede pertenecer.

Hurto	*Asalto*	*Perjurio*	*Agresión*
Asesinato	*Resistir arresto*	*Ofensas sexuales*	*Uso de armas*
Fraude	*Escapar / fuga*	*Secuestro*	*Provocar incendio*
Traición	*Vandalismo*	*Violaciones de tránsito*	*Violencia familiar*
Crímenes relacionados a drogas	*Invadir propiedad*	*Crímenes relacionados al alcohol*	*Violaciones a toque de queda*

Los precursores del crimen son tu sistema de alerta inicial. Los precursores del crimen te dejan saber que estas a punto de cometer un crimen. Si te das cuenta de que estas usando precursores del crimen, detente. Si puedes detener un precursor del crimen, puedes detenerte a ti mismo de cometer un crimen. ¡Eso es algo de lo que puedes estar orgulloso!

Una vez hayas aprendido a usar los precursores del crimen para detenerte de cometer crímenes, debes crear una nueva meta para ti mismo: dejar de usar precursores del crimen. Creas una víctima cada vez que usas un precursor del crimen. Para alcanzar la meta de **No Más Víctimas**, debes evitar ambos tipos de vías criminales.

Tarea

1. ¿Qué es una vía criminal?
2. ¿Qué es un precursor del crimen?
3. ¿Qué precursor del crimen es más probable que utilices?
4. ¿De qué manera se diferencian un precursor del crimen y un crimen?
5. ¿Existe alguna situación en la que esté bien tener una nueva víctima?
6. ¿Es posible cometer un crimen sin lastimar a nadie?
7. ¿Cómo puedes utilizar los precursores del crimen para prevenir el crimen?

Conducta Criminal vs. Conducta Ciudadana

Probablemente pensaste que eras feliz y exitoso cuando estabas cometiendo crímenes. Mira en donde te encuentras ahora: ¿eres tan feliz y exitoso como quisieras ser? Probablemente no.

¿Cuánto te gustaría ser verdaderamente feliz y exitoso? ¿Cuánto te gustaría tener una vida de la que puedas estar orgulloso, una vida en la que no tienes que guardar secretos o preocuparte de cuándo todos se van a dar cuenta de la última cosa mala que hiciste? Si quieres una vida basada en fortalezas y alegría verdadera, prueba ser un ciudadano. Abajo se proveen algunas definiciones para ayudarte a identificar si estas usando conducta criminal o ciudadana.

La conducta criminal es una conducta que cumple con <u>uno o más</u> de los siguientes criterios:

1. Engañas, lastimas, hieres, o abusas de una persona, sistema, organización, compañía, o comunidad.

2. No tomas en consideración las necesidades y derechos de los demás cuando estás satisfaciendo tus propias necesidades.

3. Crees que no tienes que seguir las reglas porque "el mundo está en deuda conmigo" o "la vida es injusta".

4. Tienes conductas peligrosas o ilegales por placer o ganancia personal, o para salir del aburrimiento.

La conducta ciudadana es una conducta que cumple con <u>todos</u> los siguientes criterios:

1. Obedeces las reglas, leyes y normas sociales.

2. Tu conducta fortalece tus relaciones con otros ciudadanos.

3. Tu conducta es valorada por otros ciudadanos.

Los ciudadanos satisfacen sus necesidades, pero al satisfacen sus necesidades no interfieren con otras personas que están tratando de satisfacer sus propias necesidades. El criminal es lo opuesto. Cuando un criminal satisface sus necesidades, interfiere con las otras personas que están tratando de satisfacer sus propias necesidades

Como estas usando este manual en un programa de tratamiento, debe ser obvio para ti que estabas actuando como un criminal. Estabas satisfaciendo tus necesidades en una manera que obstaculizaba el que otros pudieran satisfacer sus propias necesidades. Puede que hayas pensado que cometer un crimen era una buena manera de satisfacer tus necesidades, pero mira donde estas ahora y pregúntate, ¿Que tal me va con esta vida criminal? ¿Me siento feliz? ¿Me siento exitoso? Si eres honesto, la contestación a estas preguntas es "¡NO!"

Si realmente quieres ser feliz y exitoso, compórtate como un ciudadano. Debes crear un "nuevo yo" que esté basado en la forma de pensar, sentir y actuar de un ciudadano. Cuando actúas como un ciudadano, todo lo que hagas y tus logros serán tuyos. Nadie te los puede quitar. Nadie va a llegar a tu vida a quitarte tu libertad o las cosas que has adquirido. La felicidad verdadera y el éxito verdadero se alcanzan con el poder de la conducta ciudadana.

Tarea

1. ¿Cuál es más fácil, la conducta criminal o la conducta ciudadana? Explica tu respuesta.
2. ¿Cuál es la meta de este programa en cuanto a la conducta criminal y la conducta ciudadana?
3. ¿Cómo la meta de este programa te aplica a ti?
4. ¿Fue tu crimen una conducta criminal o ciudadana? Explica tu respuesta.
5. ¿Con qué criterios de conducta criminal cumple tu crimen?
6. ¿Con qué criterios de conducta ciudadana cumple tu crimen?
7. ¿Puede un crimen ser a la misma vez conducta criminal y ciudadana? Explica tu respuesta.

Honestidad

Honestidad significa decir la verdad. En este programa, tienes que ser honesto acerca de tu ofensa. Si quieres ser honesto sobre tu ofensa, tienes que ser honesto acerca de dos cosas:

1. **Acciones** – Tienes que ser honesto sobre lo que hiciste durante tu ofensa.
2. **Deseos** – Tienes que ser honesto en que tú querías cometer el ofensa.

Para completar este programa, tienes que ser honesto acerca de tus acciones y deseos. Cuando eres honesto en cuanto a tus acciones y tus deseos, te haces responsable de tu ofensa.

¿Es malo hacerte responsable de tu ofensa? De ninguna manera. Muchas cosas buenas pasan cuando te haces responsable de tu ofensa. Estas son algunas de las cosas buenas que pasan cuando te haces responsable de tu ofensa.

1. **Auto-Conocimiento** – cuando te haces responsable de tu ofensa, tu admites lo que hiciste y por qué lo hiciste. Esto significa que te estás conociendo mejor. Cuando te conoces mejor a ti mismo, aumentas tu auto-conocimiento. El auto-conocimiento es el primer paso para cambiar.

2. **Secretos** – Cuando te haces responsable de tu ofensa, no tienes que mantener secretos. Cuando estabas cometiendo crímenes, mantenías muchos secretos sobre tus deseos, planes y conductas criminales. Mantener secretos toma mucha energía. Esa es energía que podías haber usado para disfrutar de la vida y tener éxito. Mientras más tiempo pases guardando un secreto, más energía pierdes. Mientras más energía pierdes, menos disfrutas de tu vida. Si mantienes un secreto por mucho tiempo, puedes perder tu sentido del humor y tu capacidad para concentrarte y pensar. Puedes incluso tener dificultad para comer y dormir. Los secretos son como el veneno. Un secreto te va a envenenar hasta que te lo saques del sistema. Puedes sacarte del sistema los secretos y el veneno creado por el veneno siendo honesto.

3. **Auto-Control** – Si te haces responsable de un problema, puedes resolver el problema. No puedes arreglar los problemas de otras personas y otras personas no pueden arreglar tus problemas. Tienes que hacerte responsable de tus problemas para poder resolver tus problemas. Tu pasada conducta criminal es tu problema. Una vez aceptes responsabilidad por tu pasada conducta criminal, puedes comenzar el difícil trabajo de solucionar ese problema para que así puedas alcanzar la meta de **¡No Más Víctimas!**

Aunque hay muchas cosas buenas que pueden pasar cuando te haces responsable por tu crimen, probablemente sientas temor de ser honesto. Eso es natural. No importa en qué tipo de terapia te encuentres, siempre hay algo te temor.

¿Sabías que las personas deprimidas que van a terapia tiene temor? Si, así es - cada vez que van a una sesión de terapia. ¿Y qué de una persona que ha perdido a un ser querido? ¿Crees que una persona que va a terapia por el dolor de una pérdida así tiene temor? Si, también esa persona tiene temor.

Si eres como las demás personas en programas de terapia, tu tendrás temor. Abajo están enumeradas las dos razones más comunes por las que las personas sienten temor en la terapia. ¿Cuál de ellas te aplica a ti? ¿Te aplican ambas razones?

1. **Temor del Fracaso** – Puede que tengas dificultad en admitir tus problemas porque piensas que si admites tus problemas, te vas a sentir como un fracasado. Este es un temor poco realista porque todo el mundo tiene problemas. Si tienes temor de admitir tus problemas, en realidad de lo que tienes miedo es de admitir que eres humano. Bueno, pues muy tarde - eres humano. Tú si tienes problemas. Todo el mundo sabe que eres humano y todo el mundo sabe que tienes problemas. Si no admites tus problemas, no estás engañando a nadie... excepto, quizás a ti mismo.

2. **Temor a lo Desconocido** – Sabes que tienes problemas, pero tienes temor de admitir tus problemas porque si lo haces, sabes que tendrás que cambiar. Cambiar asusta. Si cambias las cosas van a ser diferentes. El temor a lo desconocido puede

ser muy aterrador. Así que, para evitar el cambio, puede que trates de simplemente no admitir que tienes un problema. De esa manera no tienes que cambiar.

No importa en qué tipo de terapia te encuentres - vas a decirte a ti mismo cantidad de cosas para evitar cambiar. Cualquier cosa que te digas a ti mismo para evitar cambiar puede detenerte de ser exitoso. Necesitas tener la valentía de ser honesto. Necesitas hacer cambios. Esa es la única manera de superar tu temor y ser feliz y exitoso.

Tarea

1. ¿Eres del tipo de persona que puede admitir sus faltas? Explica tu respuesta.
2. ¿Cuál es mejor para ti: mantener secretos en cuanto a tu crimen o enfrentar tus temores y cambiar? Explica tu respuesta.
3. Si eres honesto en cuanto a lo que le hiciste a tu víctima, ¿cómo eso te puede ayudar?
4. La mayoría de las personas pueden admitir sus conductas criminales, pero no quieren admitir sus deseos por el crimen. ¿Por qué será?
5. ¿Cómo te hiciste daño a ti mismo al mantener secretos sobre tu crimen?
6. ¿Cuál es tu mayor temor en cuanto a ser honesto sobre tu crimen?

¿Cómo Cambiar?

En esta lección, vas a aprender sobre dos maneras en las que las personas pueden cambiar como resultado de estar en un programa de tratamiento: la manera fácil y la manera difícil.

La Manera Fácil de Cambiar

La manera fácil de cambiar es encargarte tú mismo de hacer cambios personales. Haces esto siendo honesto, dejando de tener secretos, y haciéndote responsable de tu conducta. Si haces esto puede llegar a ser feliz y exitoso en tres fáciles pasos.

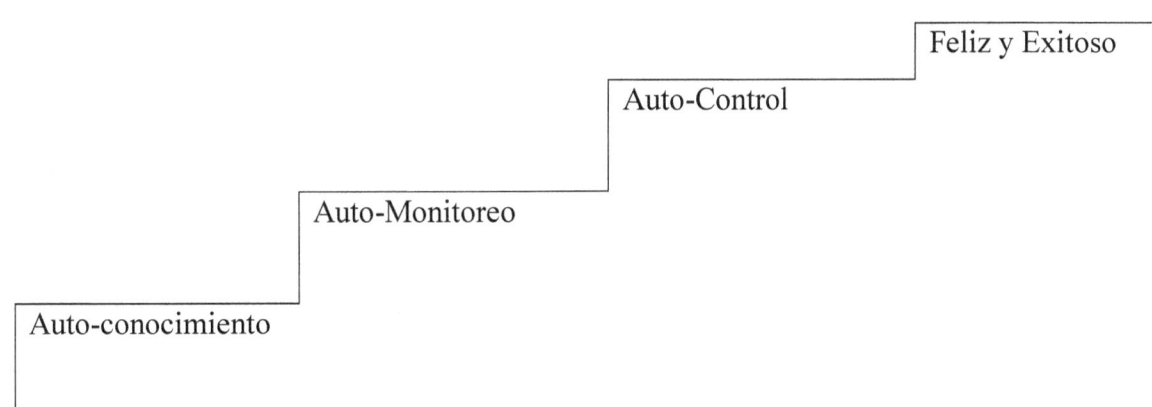

Auto-Conocimiento – Ya sabes lo que significa la palabra "conocimiento". Significa saber algo. Si tienes auto-conocimiento, te conoces a ti mismo.

Auto-Monitoreo – La palabra "monitorear" significa observar. Cuando te auto-monitoreas, te estás observando a ti mismo. Debes observarte a ti mismo para asegurarte de no tener pensamientos, sentimientos o conductas criminales.

Auto-Control – Auto-control es estar en control de ti mismo. Si te controlas a ti mismo, detienes tus planes, deseos y actos criminales antes de que sucedan.

Feliz y Exitoso – Si puedes dar los primeros tres pasos, te sentirás bien contigo mismo y serás exitoso.

Si quieres cambiar, el primer paso es conocerte a ti mismo. El segundo es observar las cosas que te demuestran que estás a punto de hacer algo malo. El tercer paso es controlarte cuando sientes que quieres hacer algo malo. Si haces estos tres pasos, llegarás al último paso. Serás feliz y exitoso.

La Manera Difícil de Cambiar

Si eres como muchos otros de los clientes que han usado este manual, no fue tu idea usar este manual. Probablemente alguien te está haciendo usar este manual, y lo resientes - así que estás haciendo todo lo posible por no cambiar. Lo que no sabes es que vas a cambiar. Solo que lo vas a hacer de la manera difícil:

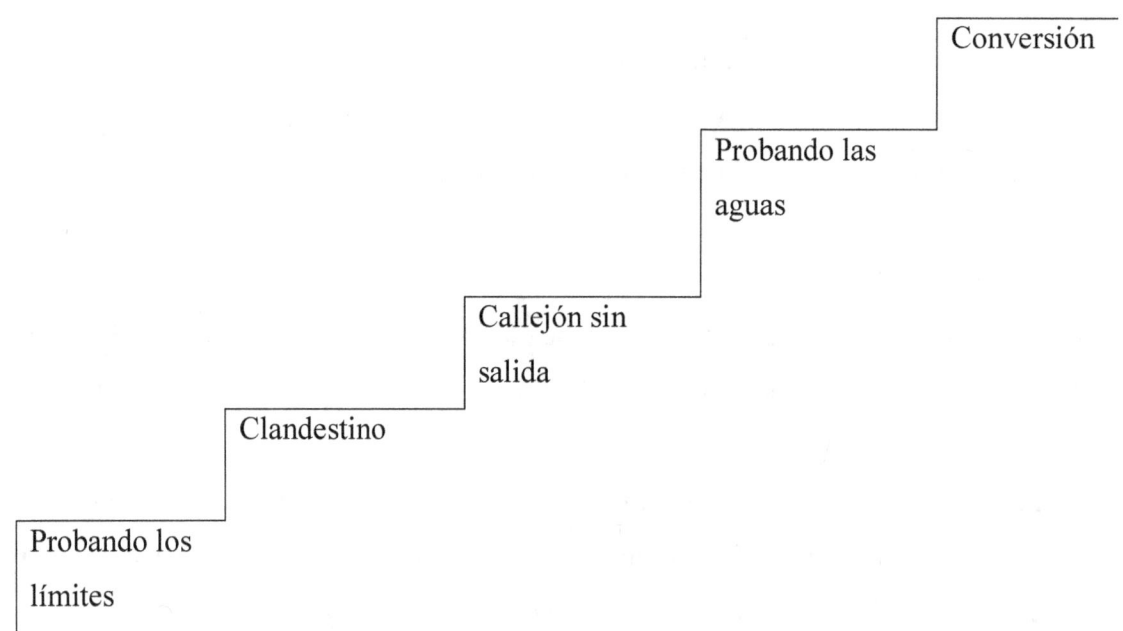

Probando los Límites – Si alguien te obligó a hacer este programa de tratamiento, tienes resentimiento. Lo odias y, para dejarle saber a todos que odias estar aquí, rompes las reglas, no haces las tareas, y retas a todo el que trata de ayudarte.

Clandestino – Cuando ya te han castigado bastantes veces por probar los límites, te cansas del castigo - así que te vuelves sigiloso. Te vas por lo clandestino. Aparentas seguir las reglas delante de los demás, pero cuando no hay nadie más, vuelves a tus conductas criminales.

Callejón Sin Salida - El callejón sin salida es cuando ya te han atrapado siendo sigiloso. A veces tienen que haberte atrapado muchas, muchas veces siendo sigiloso, pero eventualmente aprendes que no eres tan listo como piensas y las personas se dan cuenta de que vas por lo clandestino. Te das cuenta de que andar por lo clandestino no es seguro, así que tienes que encontrar lugar seguro diferente.

Probando las Aguas – No te sientes seguro estando por lo clandestino, así que decides probar las aguas tratando de hacer algo que haría un ciudadano. Pero te dices a ti mismo que solo vas a hacer una cosa, y si no funciona, vas a volver al "viejo yo".

Conversión – Después de probar las aguas y darte cuenta de que ser un ciudadano lleva a la alegría y el éxito, comienzas a actuar cada vez más como un ciudadano. Despacio pero seguro, estás haciendo la conversión de criminal a ciudadano. En realidad, te estás convirtiendo del "viejo yo" al "nuevo yo".

Una vez has pasado por los escalones de cambiar de la manera difícil, puedes comenzar con los escalones de cambiar de la manera fácil. Si, es correcto. Tomando la ruta de la manera difícil de cambiar, no estabas haciendo el trabajo real de cambiar. Todo lo que estabas haciendo era resistir el cambio. Una vez dejas de resistir el cambio, puedes comenzar el trabajo real de cambiarte a ti mismo.

Tarea

1. ¿Por qué toma más tiempo terminar este programa de tratamiento si tomas el camino difícil primero?

2. ¿Qué camino para el cambio crees que vas a tomar: el fácil o el difícil? Explica tu respuesta.

3. Si sabes que estás en el camino difícil para el cambio, ¿en qué escalón te encuentras? ¿Cómo te vas a salir de ese escalón?

¿Por Qué Debo Cambiar?

Hacer cambios personales es difícil. Si no tienes una buena razón para cambiar, probablemente vas a tener dificultad para cambiar. De hecho, puede que ni siquiera cambies.

Cambiar de criminal a ciudadano es mucho más fácil cuando sabes que es bueno para ti. Veamos algunas de las cosas buenas que te van a pasar si en efecto cambias.

1. **Felicidad Duradera** – Usar vías criminales fue probablemente divertido y emocionante, pero ¿te trajo felicidad duradera? Mírate en este momento. Si eres honesto tienes que decir que las vías criminales no te trajeron felicidad duradera. Si quieres felicidad duradera, no puedes usar vías criminales. Si quieres diversión, emoción y felicidad duradera, tienes que usar conducta de ciudadano.

2. **Desintoxicación** – Llevar un estilo de vida criminal es como nadar en una piscina de químicos tóxicos; te puede enfermar, y al final, puede hasta matarte. Si cambias de criminal a ciudadano, es como usar una escalera para salir de esa piscina de químicos tóxicos. Una vez estés fuera de la piscina de químicos tóxicos, puedes comenzar a sanar.

3. **Paranoia** – ¿Cómo se sentía estar preocupándote de si te van a atrapar por tu último acto criminal? Ni siquiera tenía que ser tu último acto criminal – cualquiera de tus actos criminales puede llevar a la pérdida de libertad. ¿Pasaste mucho tiempo preocupándote y esperando que te atraparan? Adivina qué. Los ciudadanos no tienen que preocuparse. Pueden usar su tiempo y energía divirtiéndose.

4. **Poder Verdadero** – Probablemente pensaste que tenías poder verdadero cuando estabas cometiendo crímenes, pero no es así. El poder verdadero puede pasar la prueba del tiempo. Las cosas que adquieres usando el poder criminal no duran. Todo lo que has obtenido usando la vía criminal te lo pueden quitar. Las cosas que obtienen los ciudadanos son de ellos para siempre. Aun si un criminal toma algo que le pertenece a un ciudadano, la ley trabaja para regresarle sus pertenencias al ciudadano. El poder verdadero está basado en el poder ciudadano, no en el poder criminal.

Los beneficios enumerados arriba son solo algunos de los beneficios de cambiar. Si haces el cambio de criminal a ciudadano, probablemente experimentes todos los beneficios enumerados arriba, y de otros beneficios que ni siquiera están en la lista. Por ejemplo, ¿crees que te sentirás orgulloso de ti mismo si cambias? Si la respuesta es sí, entonces ese es un beneficio adicional. ¿Tu mamá o tu papá se sentirá orgulloso de ti si cambias? Ese podría ser otro beneficio para ti.

También es importante mantener en mente que si cambias, vas a alcanzar la menta de este programa: **¡No Más Víctimas!** Probablemente creaste muchas víctimas en el pasado. Te lo debes a ti mismo, a tu familia, a tus amigos y a tu comunidad el tener **¡No Más Víctimas!**

Tarea

1. Si tienes éxito, ¿quién va a saber sobre tu éxito - familia, amigos, miembros del grupo, oficial supervisor?

2. Si tienes éxito, ¿qué pensarían sobre ti las personas del ítem #1? ¿Qué pensaban de ti cuando no tenías éxito?

3. Si tienes éxito, ¿cómo te vas a sentir? ¿qué vas a pensar de ti mismo?

4. Ensayo sobre el futuro: escribe un ensayo de tres párrafos acerca de cómo va a ser tu vida cuando tengas éxito en este programa y estés viviendo como un ciudadano.

Los Pensamientos Conducen a las Emociones y la Conducta

Tus pensamientos determinan cómo te sientes. Tus pensamientos y sentimientos juntos determinan como actúas.

La mayoría de las personas creen que un evento lleva a una emoción: evento → emoción. Eso no es cierto. Puedes hacerte una prueba ahora mismo. Imagina que estas mirando un juego de baloncesto. Estás a favor de un equipo, los *Bulls*, y tu amigo va al otro equipo, los *Hawks*. ¿Cómo te vas a sentir si tu equipo gana? ¿Cómo se va a sentir tu amigo si tu equipo gana? Si contestaste que te sentirías bien si tu equipo gana y tu amigo se sentiría triste si tu equipo gana, tendrías la razón. Pero, fíjate en lo que estás diciendo. Estás diciendo que un evento puede causar dos emociones diferentes.

Si los eventos no causan emociones, ¿qué es lo que si causa las emociones? Simple - es la manera en la que piensas sobre los eventos lo que causa las emociones. Cuando tu equipo gana, piensas que es algo bueno. Cuando tu equipo gana, tu amigo piensa que es algo malo. Las emociones que tienen tú y tu amigo dependen de lo que cada uno piensa.

Evento	Pensamiento	Emoción
Los *Bulls* → ganan	Soy fanático de los *Bulls*. Me gusta eso. →	Alegre
Los *Bulls* → ganan	No soy fanático de los *Bulls*. No me gusta eso. →	Triste

Esta información está muy buena, pero ¿cómo puedes usarla para tu beneficio? Fácil - si no te gusta la manera en que te sientes, cambia la manera en la que piensas. Si cambias tu manera de pensar, puedes cambiar la forma en que te sientes.

Démosle una mirada a tu situación actual. Te están pidiendo que completes un programa de tratamiento al que probablemente no entraste voluntariamente. Puedes reaccionar a este evento con resentimiento, sintiendo coraje. Por otro lado, podrías pensar en este programa como una oportunidad. Quizás pueda ser el comienzo de una nueva vida llena de alegría y de éxito.

Evento		Pensamiento		Emoción
Estoy en este programa	→	Nadie me puede decir lo que tengo que hacer. No es justo.	→	Coraje
Estoy en este programa	→	Yo me merezco estar aquí. Necesito aprovecharlo. No quiero perder otra vez.	→	Alegre

En este programa, vas a estar hablando de y analizando tus pensamientos, porque tus pensamientos son la base de tus emociones y acciones. Si quieres cambiar la forma en que sientes o actúas, tienes que cambiar la forma en que piensas. En otras palabras, tienes que desarrollar auto-control sobre lo que piensas. Si tienes auto-control sobre lo que piensas, puedes controlar tus emociones y tu conducta.

Tarea

1. ¿Los eventos causan las emociones?

2. ¿Cómo los pensamientos causan las emociones?

3. ¿Por qué la felicidad es una elección?

4. ¿Qué pensamientos tienes que cambiar ahora mismo para ser más feliz?

El Sándwich de Por Qué

Una de las posibles razones para que estés en este programa es porque tienes pobres destrezas para resolver problemas. Si no eres bueno resolviendo problemas, puede que te puedes quedar atrapado en muchos problemas. Puede que sientas como que nunca puedes ganar o como que nunca vas a poder deshacerte de tus problemas.

Hay buenas noticias. Aun si no eres bueno resolviendo problemas, tu puedes cambiar. Puedes aprender cómo convertirte es un buen solucionador de problemas. Existen dos reglas básicas para solucionar un problema:

1. **No le Añadas a Tus Problemas**. Cuando solucionas un problema, tu solución debe lograr que el problema termine. Si tu solución crea más problemas, has añadido a tus problemas. Eso no es una buena forma de solucionar problemas. Por ejemplo, vamos a suponer que rompes una regla del tratamiento y supón que el proveedor de tratamiento te pregunta si rompiste la regla. Sería inteligente admitir que rompiste la regla. No sería inteligente mentir. Si mientes, le añades a tus problemas - primero tenías el problema de haber roto la regla, y ahora tienes el problema de haber dicho una mentira.

2. **Sé Directo**. No trates de ignorar el problema. No trates de esperar que el problema desaparezca. No hagas como si el problema no existiera. Maneja el problema directamente. Maneja tus problemas lo antes posible.

El método "Sándwich de Por Qué" es una destreza para solucionar problemas. Es simple. Puedes usar el Sándwich de Por Qué para lidiar directamente con tus problemas. Puedes usarlo durante las sesiones de terapia. Puedes usar el Sándwich de Por Qué hasta en la escuela, la casa, o el trabajo, o en relaciones personales.

Aquí hay tres pasos en el método del Sándwich de Por Qué. El primer paso es una pregunta de "qué": "¿Qué problema tengo?". La segunda pregunta es una pregunta de "por qué": "¿Por qué es un problema?". La pregunta final es otra pregunta de "qué": "¿Qué voy a hacer al respecto?".

El nombre de este método de resolver problemas se llama el Sándwich de Por Qué porque hay una pregunta de "Por qué" en medio de dos preguntas de "Qué".

Qué: ¿Qué problema tengo?

En este paso del proceso de solucionar problemas, debes definir el quién, qué, cuándo, y dónde del problema. Si haces un buen trabajo definiendo el problema, se te puede presentar una solución.

¿Cuál es el problema?	¿Dónde sucedió?
¿Quiénes están involucrados?	¿Cuántas veces ha sucedido?
¿Cuándo sucedió?	¿Cómo comenzó?
¿Cómo pasó?	¿Quién sabe sobre el problema?

Por qué: ¿Por qué es un problema?

Si entiendes por qué algo es un problema, puede crear motivación para ti para solucionar el problema. Entender por qué algo es un problema también puede ayudarte a entender por qué otras personas están preocupadas por el problema.

¿Por qué es un problema?	¿Por qué otros piensan que es un problema?
¿Han salido lastimadas otras personas?	¿Es parte de un patrón?
¿Por qué es un problema para mí?	¿Cómo me lastima a mí y a otros?

Qué: ¿Qué voy a hacer respecto al problema?

Está bien aceptar que otras personas te ayuden con tu problema, pero recuerda que este es tu problema y debes ser tu quien haga la mayor parte del trabajo para sobrellevar el problema.

¿Qué puedo hacer?	¿Cómo puedo prevenir el problema en el futuro?
¿Alguien me puede ayudar?	¿Qué han hecho otras personas en una situación similar?

Tarea

Toma un pedazo de papel y usa el Sándwich de Por Qué para resolver uno de los problemas que estas experimentando actualmente en tu vida.

ACE: Técnicas de Auto-Control

Aun si quieres cambiar de un estilo de vida criminal a un estilo de vida ciudadano, puede que te sientas tentado a regresar a la forma de comportarse del "viejo yo". No te preocupes si sientes tentación. Cualquier persona que está tratando de superar un mal hábito va a tener tentación de usar el mal hábito.

Si quieres hacer el cambio del "viejo yo" al "nuevo yo", debes hacer lo que otras personas han hecho con éxito para dejar un hábito.   Debes usar el ACE.

ACE quiere decir Afronta, Corre y Evita. Si te sientes tentado a actuar como un criminal, debes usar el ACE. Tú afrontas, corres, o evitas.

Algunas situaciones son más tentadoras que otras. Situaciones que son muy tentadoras son llamadas situaciones de alto riesgo. Una situación de alto riesgo es una persona, lugar, o cosa que te facilita usar una vía criminal. Una situación de alto riesgo no causa que uses una vía criminal, solo hace que usar una salida criminal sea más fácil. Tú todavía tienes que elegir usar la vía criminal. El crimen es siempre una elección.

Si quieres tener éxito al enfrentar cada situación de alto riesgo, tienes que usar el ACE. Abajo algunas instrucciones sobre cómo puedes usar el ACE.

Afronta – Usas la técnica de auto-control afrontar con tus pensamientos y emociones. Las emociones que tienen mayores posibilidades de llevar al crimen son las emociones desagradables: coraje, temor, o tristeza. Los pensamientos que tienen mayores posibilidades de llevar al crimen son los impulsos criminales y la tentación. La forma más efectiva de enfrentar el coraje, el miedo, la tristeza, los impulsos, y las tentaciones es usar una de las técnicas de afrontar enumeradas abajo.

1. **<u>Visión de Túnel</u>** – Cuando te encuentres en una situación de alto riesgo, no prestes atención a la persona o cosa que hace más fácil que uses una vía criminal. En cambio, enfócate en pensamientos y acciones ciudadanas. Esta técnica tiene ese nombre porque limitas tu atención, como mirar por un túnel limita lo que puedes ver. Por ejemplo, imagina que vas en un carro. Ves a un amigo con quien acostumbrabas a usar drogas. El te ve. El te saluda. Tu vuelves la cabeza y miras fijamente adelante como si no lo hubieras visto. Mientras

continuas manejando piensas en todas las cosas positivas que tienes ahora en tu vida porque llevas un estilo de vida ciudadano.

2. <u>**Difundir tus Pensamientos**</u> - Si sientes el impulso de usar una vía criminal, imagina que tus pensamientos están siendo difundidos desde tu mente a través de un altoparlante. Imagina que tu pensamiento es difundido, la gente se voltea a mirarte y responde a lo que te escuchan difundir. Decides dejar de pensar en la vía criminal porque la gente se está enojando contigo por tener esos pensamientos. Comienzas a temer que quizás te vas a meter en problemas. Dejas de pensar en eso, para poder evitar cualquier problema.

3. <u>**Verificar la Realidad (*reality check* en inglés)**</u> – Cuando tengas el impulso de usar una vía criminal, verifica la realidad haciéndote preguntas: *"¿Cuán real es que pueda usar esta vía criminal sin que me atrapen? ¿En qué clase de problemas me puedo meter si en efecto trato de hacer lo que estoy pensando? ¿Es esta conducta criminal o ciudadana? Si quiero felicidad duradera y poder verdadero, debo actuar como un ciudadano - ¿es esto actuar como un ciudadano?"* Deja que la realidad sea tu guía mientras te esfuerzas por detener la conducta que te puede llevar a perder tu libertad.

4. <u>**Ver el Crimen a la Inversa**</u> – Si te encuentras teniendo un impulso criminal, imagina a una persona que no te agrada teniendo esos mismo impulsos en contra tuya. Por ejemplo, digamos que no te agradan los hombres bien altos y con cabello oscuro y ojos oscuros. Necesitas imaginarte a ese hombre teniendo exactamente ese mismo impulso criminal en tu contra. Puedes incluso imaginártelo acercándose a ti y hablándote. Imagina que te está hablando del clima pero en el fondo tu sabes que lo que realmente quiere es hacerte daño.

   Otra manera de ver el crimen a la inversa es imaginarte a alguien que te desagrada teniendo un impulso criminal en contra de alguien a quien amas. Por ejemplo, imagina a alguien que no te grada teniendo ese mismo impulso dañino que tú estás teniendo, pero están teniendo ese impulso contra tu hermana, hermano, madre, etc. Deja que las imágenes negativas que estas teniendo sobre esto hagan que tu impulso criminal desaparezca.

5. <u>**Regla Dorada**</u> – Cuando notes que estás teniendo un impulso criminal, considera si este impulso te ayuda a alcanzar la meta de **No Más Víctimas**. Si el impulso puede llevar a más víctimas, convéncete a ti mismo de cambiar tus pensamientos. También puedes considerar si este tipo de impulso es bueno para ti y para tus seres queridos. Si piensas que este impulso puede causarte problemas, a ti o a tus seres queridos, debes cambiar tus pensamientos.

Corre – Usas la técnica de auto-control de correr cuando te alejas de una situación de alto-riesgo. A veces, puede que inesperadamente te encuentres en una situación de alto riesgo. Por ejemplo, por accidente puedes encontrarte con una persona, lugar, o cosa que sabes se puede prestar fácilmente para la conducta criminal. Debes ser <u>inteligente y fuerte</u>. Debes retirarte.

Evita – Usas la técnica de auto-control de evitar para mantener distancia o evitar las situaciones de alto riesgo. Tienes que ser suficientemente <u>inteligente</u> para saber las personas, lugares y cosas que son de alto riesgo para ti, y tienes que ser suficientemente <u>fuerte</u> para mantener distancia y evitarlas.

<u>Tarea</u>

Busca una libreta y, en la primera página, escribe los nombres de todas las técnicas de ACE, incluyendo las cinco técnicas de afrontar. Ve monitoreándote durante el día. Cada vez que entres en contacto con una situación de alto riesgo, escribe una breve descripción de la situación y enumera las técnicas de auto-control que utilizaste, si se trata de una de las técnicas de afrontar, o circular o escapar. Al final del día, deja que tu proveedor de tratamiento vea tu registro. Es bastante común que los proveedores de tratamiento le pidan a sus clientes que realicen esta tarea por alrededor de una semana.

Mi Papel Como Miembro del Equipo de Tratamiento

Como cliente de este programa de tratamiento, tu meta es moverte a un estilo de vida ciudadano. Estás tratando de transformarte del "viejo yo", que acostumbraba a cometer crimines, al "nuevo yo", que vive un estilo de vida ciudadana. El papel que debes desempeñar en este programa de tratamiento es el de "nuevo yo".

Hay por lo menos otros tres tipos de individuos involucrados en tu tratamiento y necesitas conocer los roles de todos los involucrados.

- **Miembros del Personal / Oficial Supervisor** – Si te encuentras en un programa residencial, como un centro de detención o un hogar intermedio, los miembros del personal son parte de tu equipo de tratamiento. Si estás en la comunidad, tu oficial supervisor es parte de tu equipo de tratamiento. Todos los miembros del personal y oficiales supervisores tienen el mismo trabajo: asegurarse de darte retroalimentación en cuanto a si estás llevando un estilo de vida ciudadano. Si no estás viviendo un estilo de vida ciudadano, te van a motivar a cambiar. Si no cambias, es su deber reportarte a la corte o a la junta de libertad condicional. Puedes meterte en más problemas si eso sucede.

- **Proveedor de Tratamiento** – Tu proveedor de tratamiento estará usando este manual para ayudarte a crear tu "nuevo yo".

- **Grupo de Apoyo** – Si vas a cambiar de manera permanente del "viejo yo" al "nuevo yo", vas a necesitar la ayuda de tus seres queridos. Tus seres queridos, como tus padres, hermanos, y hermanas, deben ser parte de tu equipo de tratamiento, si no son individuos de alto riesgo. Recuerda un individuo de alto riesgo es aquel que facilita el que elijas usar una vía criminal. Si tus padres y hermanos son de alto riesgo, es posible que tengas que buscar otros familiares o amigos que sean parte de tu equipo de tratamiento.

Mientras trabajas en cambiar del "viejo yo" al "nuevo yo", tu equipo de tratamiento va a tratar de ayudar enseñándote cómo ser un ciudadano, motivándote a ser un ciudadano, y ofreciéndote retroalimentación en cuanto al tipo y la cantidad de cambio que han notado en ti.

Tu grupo de apoyo es más importante de lo que puedas pensar, porque a lo largo de tu vida, vas a tener más contacto con tu grupo de apoyo de lo que jamás tendrás con tu proveedor de tratamiento, miembros del personal, o con el oficial supervisor. Necesitas crear tu grupo de apoyo al comenzar el tratamiento. Necesitas mantener a tu grupo de apoyo involucrado a lo largo de tu tratamiento. Cuando terminas el tratamiento, necesitas mantenerte cerca de tu grupo de apoyo. A la larga, mucho de tu éxito en el tratamiento va a depender de cuanto apoyo recibes de tu grupo de apoyo.

Tarea

1. ¿Cuál es tu papel como miembro de tu equipo de tratamiento?

2. ¿Qué papel desempeña tu proveedor de tratamiento como parte de tu equipo de tratamiento?

3. ¿Qué papel desempeña tu supervisor o personal de monitoreo como parte de tu equipo de tratamiento?

4. ¿Qué es un grupo de apoyo?

5. ¿Qué papel desempeña tu grupo de apoyo como parte de tu equipo de tratamiento?

6. ¿Qué familiar o amigo piensas que debe ser parte de tu equipo de tratamiento?

7. ¿Qué familiar o amigo piensas que NO debe ser parte de tu equipo de tratamiento?

Módulo Dos: Honestidad Sobre Mi Conducta Criminal

En el Módulo de Orientación aprendiste muchas cosas nuevas. Ahora es tiempo de ver si puedes usar esas cosas para cambiar del "viejo yo" al "nuevo yo". Las tareas es este módulo te van a retar a usar lo que has aprendido para que puedas ser honesto acerca de tu ofensa actual y de tu historia criminal.

Tu ofensa actual es la ofensa de tu más reciente convicción o adjudicación. Cuando eres honesto respecto a tu ofensa actual, estás admitiendo dos cosas: tus acciones y los pensamientos y emociones que llevaron a tus acciones.

A la mayoría de los clientes se les hace fácil admitir sus acciones. Es mucho más difícil admitir los pensamientos y emociones que llevaron a las acciones. Cuando admites los pensamientos y emociones que te llevaron a tus acciones es como decir *"Si, yo quería hacerle daño a ese tipo"*, o *"Si, yo quería actuar como criminal"*. Es mucho más fácil decir, *"Actué como criminal"* que decir *"pensé y me sentí como criminal"*. Pero tu crimen no sucedió de la nada. Tienes que haber pensado antes de actuar.

Algunas personas tratan de escaparse de ser honestos diciendo que su crimen fue un accidente o que fue culpa de otra persona. No puedes decir que tu ofensa fue un accidente. No puedes culpar a la víctima. No puedes buscar excusas como *"solo sucedió"* o *"estaba intoxicado. No sabía lo que hacía"*. Tienes que admitir que tu crimen fue el resultado de tus ideas, planes, y deseos.

El nivel de honestidad que tendrás que demostrar para poder ser honesto acerca de tu ofensa probablemente va a ser algo completamente diferente de lo que has hecho antes. Tienes que ser más honesto de lo que has sido nunca antes en tu vida. Luego de terminar las tareas sobre ser honesto acerca de tu ofensa actual, vas a tener que ser honesto sobre tu historia criminal.

Te estarás preguntando por qué te están retando a ser honesto sobre tu historia criminal. La razón es simple: Si vas a usar el auto-control para asegurarte de no usar vías criminales, tienes que identificar tus patrones personales de uso de vías criminales. Una vez des una mirada de cerca a tu ofensa actual y tu historia criminal, vas a ver cosas de tu conducta que no habías visto antes.

Ayuda de Ben

Ben estaba en un programa muy parecido al que tú estás ahora mismo. En el momento en que Ben escribió esto, Ben había completado muchas tareas, pero no había completado el tratamiento. Eventualmente, Ben completó el tratamiento y estaba feliz de haberlo hecho.

Creo que entender que todo lo que hay en tu manual tiene que ver con algo en tu vida es la parte más importante del tratamiento. Si no lo entiendes, tienes que hacer preguntas. Si no lo haces, no vas a llegar a ninguna parte.

He hecho muchas preguntas tontas. Dios lo sabe, pero las respuestas que recibí me ayudaron con cualquier situación que estuviera confrontando.

Tienes que trabajar fuertemente con cada tarea que te asignan para poder completarla. Muchas de ellas son difíciles de hacer, pero no te desanimes. Vas a recibir buena retroalimentación, y si hay algo que no entiendes, pregunta. Esa es la mejor manera de dar y recibir ayuda.

No creas que haciendo un trabajo mediocre en una tarea específica te las vas a poder arreglar porque no es así. Tienes que trabajar fuerte si quieres seguir adelantando. Tienes que ser honesto en todo lo que escribes.

Solo recuerda que entender por qué estás aquí y por qué quieres tener éxito depende completamente de ti.

Ben tiene la razón. Si quieres tener éxito, vas a tener que ser honesto y vas a tener que trabajar duro. Al final, todo se resume en una cosa: ¿sabes qué es lo que quieres ganar al trabajar en las tareas de este manual? Y bien, ¿lo sabes? ¿Qué tipo de persona vas a ser cuando termines este manual? ¿Vas a ser el mismo? ¿Vas a ser diferente? Una cosa puedes tener por seguro – vas a ser exactamente quien tú quieras ser. No se trata de qué tareas realices. Se trata de cómo usas las tareas para hacer una diferencia en tu vida.

Mis Pensamientos Antes de mi Ofensa Actual

El crimen no viene de la nada. Tienes que pensar en un crimen antes de poder cometer un crimen. De hecho, hay tres pensamientos que tienes que tener antes de cometer un crimen: impulso, fantasía, y plan. Aun antes de que pase el crimen, tu comienzas a transformar estos pensamientos en acciones por la manera en que arreglas la situación para poder cometer el crimen.

Impulso → Fantasía → Plan → Preparación → Crimen → Consecuencia

Impulso – Un impulso criminal pasa cuando sientes que quieres cometer un crimen. A veces un impulso se siente emocionante, como cuando estas pensando en recibir dinero por vender dogas. A veces un impulso se siente como coraje, como cuando estás pensando vengarte.

Fantasía – Una fantasía es una imagen mental con un sentimiento. En una fantasía conducente a cometer un crimen, la imagen mental va a ser una imagen de ti mismo cometiendo un crimen. El sentimiento que tengas es también parte de la fantasía. Usualmente te sientes alegre, emocionado, o satisfecho cuando tienes una imagen mental de ti mismo cometiendo un crimen.

Plan – Cuando haces un plan, consideras diferentes maneras de convertir tu fantasía en realidad. El plan que usas va a depender del tipo de fantasía que estés teniendo. Algunos planes son simples: esperar a que nadie esté mirando. Otros planes son complicados: pensar una manera, momento, y lugar específico para cometer el crimen.

<u>Preparación</u> – La preparación es cualquier cosa que haces para asegurarte de poder cometer el crimen y escapar. A veces la preparación es simple: entrar al edificio tarde en la noche cuando no haya nadie. A veces la preparación es complicada: reunirse con el dueño del edificio, establecer una relación de confianza y convencerlo de que te diga el código de seguridad de la alarma.

Crimen – El crimen rompe las leyes pero también crea emociones intensas para ti. A menudo sientes una intensa emoción y alegría.

Consecuencias – Como sabes, la consecuencia que recibiste de tu crimen fue negativa. Te atraparon y te castigaron.

La buena noticia es que tú pensaste antes de cometer cualquiera de tus crímenes. Esas son buenas noticias porque el tiempo que pasaste fantaseando y planificando es la misma cantidad de tiempo que tienes para detenerte. Como piensas antes de actuar, tú tienes la oportunidad de detenerte antes de que tus pensamientos criminales se conviertan en actos criminales.

Probablemente has escuchado a algunos individuos decir que ellos no planificaron su crimen. Ellos dicen que su crimen solo sucedió. Eso no es cierto pero vamos a suponer que es cierto. Vamos a suponer que existe alguna persona que puede actuar sin pensar. ¿Sabes cómo le llamaríamos a esa persona? Le llamaríamos a esta persona "la persona más peligrosa sobre la tierra".

Si un individuo puede cometer un crimen sin pensar, eso significa que ese individuo es tan impulsivo que no tiene ninguna advertencia de que va a actuar inapropiadamente. Es el tipo de persona más peligrosa porque no se puede detener a sí mismo.

No digas que tu crimen solo pasó o que no pensaste ni planificaste antes de cometer tu crimen. Te hace parecer como el tipo de persona más peligrosa. Hazte un favor: usa tu auto-conocimiento cuando contestes preguntas sobre tu ofensa, y se honesto acerca de los pensamientos y sentimientos que tuviste antes de cometer tu crimen.

Tarea

1. ¿Qué impulsos tuviste antes de cometer tu ofensa actual?
2. ¿Qué fantasía tuviste antes de cometer tu ofensa actual?
3. ¿Qué planificaste antes de cometer tu ofensa actual?

4. ¿Qué hiciste para preparar tu ofensa actual?

5. ¿Por qué no es bueno decir que no pensaste sobre tu crimen antes de hacerlo?

La Forma en que Me Sentí Sobre Mi Ofensa Actual

Las personas buscan el placer y evitan el dolor – esa es la naturaleza humana. Seguiste esta simple regla en cada momento que cometiste un crimen. Usaste la conducta criminal, que te trajo a este programa, porque pensaste que te haría sentir bien.

Hay muchas maneras en que la conducta criminal puede hacer a una persona sentirse bien, pero sentirse bien respecto a algo no quiere decir que es correcto. Muchas cosas incorrectas se pueden sentir bien. Un acto criminal es algo que te puede hacer sentir bien pero es malo hacerlo. Estas son algunas de las maneras en que un acto criminal puede hacer que una persona se sienta bien:

1. **Gratificación** – Si eres honesto contigo mismo, todas las cosas que precedieron a tu ofensa actual, y el mismo crimen, fueron probablemente emocionantes. Probablemente sentiste algo de alegría y un sentido de éxito cuando cometiste tu crimen. Esas son las maneras en que tu ofensa actual puede ser gratificante.

2. **Alivio** – Tu ofensa pude haber sido una forma de aliviar el estrés. Cuando cometiste tu ofensa, puedes haber experimentado alivio del estrés.

3. **Poder** – Algunas personas que cometen crímenes tienen un sentido de poder y control cuando cometen el crímenes. Para esas personas, sentir el poder y estar en control son experiencias emocionantes y placenteras.

4. **Venganza** – A veces, un acto criminal es realmente un acto de venganza. Por ejemplo, si alguien te hace algo malo, puedes vengarte haciéndole daño a esa persona. Después de hacerle daño a esa persona, habrás realizado tu venganza y te sentirás contento.

Esta lista no cubre todas las posibilidades. Pero no tienes que preocuparte por todas las posibilidades - solo tienes que preocuparte sobre las razones por las que *tú* pensaste que *tu* ofensa actual se iba a sentir bien.

Tarea

1. ¿Cuál fue la parte más emocionante o placentera de tu ofensa?

2. ¿Por qué cometiste tu acto - gratificación, alivio, poder, venganza, o alguna combinación de estas cosas?

Mis Fantasías Sobre la Víctima

Un crimen es un evento interpersonal. En otras palabras, un crimen pasa entre dos o más personas. Una de las personas involucradas en el crimen es el criminal. Las otras personas involucradas en el crimen son las víctimas.

A algunas personas les gusta suponer que existe tal cosa como crímenes sin víctimas. Eso no es cierto; no existe tal cosa como crímenes sin víctimas. Por ejemplo, un traficante de drogas puede querer decir que no hay víctimas cuando vende drogas. Después de todo, la persona que compró las drogas quería comprar las drogas. No importa cómo lo mires, la persona que compra las drogas es una víctima. Cualquier daño que le ocurra a la víctima a causa de las drogas, se le puede atribuir al traficante de drogas. No importa cuál sea el crimen, siempre hay una víctima.

Pensaste en tu víctima antes de cometer tu crimen. De hecho, puedes haber tenido uno o más de los pensamientos enumerados abajo cuando pensabas sobre tu víctima:

1. **Placer Mutuo** – Piensas que tu víctima va a disfrutar tanto de la ofensa como tú. Esto es común en el tráfico de drogas y la prostitución.

2. **Shock y Miedo** – Piensas que la víctima va a experimentar shock y miedo, y esto te parece emocionante.

3. **La Víctima Tiene Seguro** – Te dices a ti mismo que robar de un negocio no es lo mismo que robarle a un individuo. Después de todo, el negocio tiene seguro y cualquier cosa que te lleves va a ser reemplazada por el seguro.

4. **Él/Ella se lo buscó** – Te dices a ti mismo que la persona a la que vas a victimizar te hizo daño a ti primero. Te dices a ti mismo que si esa persona no te hubiera hecho daño a ti primero, no tendrías que hacerle daño a esa persona. El se lo buscó, y lo que haces es solo reaccionar.

5. **No Hay Nadie en Casa** – Esto es común en robos a residencias. Te dices a ti mismo que como no hay nadie en casa, nadie saldrá lastimado.

No te sorprendas si has tenido más de una de las fantasías enumeradas arriba. Además, no te sorprendas si has tenido fantasías acerca de tu crimen que no están enumeradas arriba. La lista arriba no se supone que sea una lista completa - es solo una lista para ayudarte a recordar las fantasías que tuviste acerca de tu crimen.

Tarea

1. ¿Cuál de las fantasías enumeradas arriba tuviste sobre tu víctima? Explica tu respuesta - ofrece algunos detalles sobre tus fantasías.

2. ¿Tuviste alguna fantasía sobre tu víctima que no esté enumerada arriba? Explica tu respuesta.

Mi Doble Vida

Cuando estabas cometiendo crímenes, tratabas de aparentar que no estabas cometiendo crímenes. Tratabas de convencer a todos de que eras un ciudadano - pero esa era una fachada falsa. Detrás de la fachada falsa, estaba la mente y el corazón de un criminal, y cuando nadie estaba mirando, cometías tus crímenes. Estabas viviendo una doble vida.

Vivir una doble vida pasa cuando te comportas de una manera cuando hay personas a tu alrededor y te comportas de otra manera cuando estas solo tú y tus cómplices del crimen. Usaste tu doble vida para cometer crímenes. Usaste tu doble vida para asegurarte de que nadie supiera lo que estabas haciendo.

Es momento de revelar tu doble vida. Hay dos razones para hacerlo. Primero, va a ser una buena manera para que tus familiares y amistades lleguen a conocer cuán criminal eras. Una vez tus familiares y amistades sepan sobre tu doble vida, ellos van a poder ayudarte a dejar de vivir una doble vida. Vas a estar seguro y te vas a sentir exitoso.

Segundo, cuando reveles tu doble vida, vas a controlarla. Cuando el secreto de tu doble vida sea revelado, tu doble vida ya no podrá controlarte. Si te deshaces de tus secretos, tienes una mayor posibilidad de alcanzar la meta del tratamiento: **No Más Víctimas**.

DOBLE VIDA CON TU VÍCTIMA

1. Identifica la víctima en tu ofensa actual.
2. ¿Por qué necesitabas tener una doble vida con tu víctima?
3. ¿Cómo creaste y mantuviste una doble vida con tu víctima?
4. Ofrece por lo menos cinco ejemplos, conversaciones, interacciones, o situaciones que describan o revelen cómo usaste tu doble vida con tu víctima.

DOBLE VIDA CON TU FAMILIA

5. Identifica a un miembro de tu familia que fue víctima de tu doble vida.
6. ¿Por qué necesitabas tener una doble vida con este miembro de tu familia?
7. ¿Cómo creaste y mantuviste una doble vida con este miembro de tu familia?

8. Ofrece por lo menos cinco ejemplos, conversaciones, interacciones, o situaciones que describan o revelen cómo usaste tu doble vida con este miembro de tu familia.

DOBLE VIDA CON TUS AMIGOS

9. Identifica a un amigo que fue víctima de tu doble vida.

10. ¿Por qué necesitabas tener una doble vida con este amigo?

11. ¿Cómo creaste y mantuviste una doble vida con este amigo?

12. Ofrece por lo menos cinco ejemplos, conversaciones, interacciones, o situaciones que describan o revelen cómo usaste tu doble vida con este amigo.

Hoja de Trabajo para Resumen de Ofensa

En esta tarea, se te va a pedir que seas honesto respecto a tu ofensa actual. Para ser honesto acerca de tu ofensa actual, necesitas ser honesto sobre todo lo que te llevó a tu ofensa, y sobre lo que hiciste cuando cometiste tu ofensa.

Hay recompensas por ser honesto sobre tu ofensa actual. Primero, vas a aumentar tu auto-conocimiento. Este es el primer paso para cambiar. Segundo, al ser honesto, vas a revelar secretos. Los secretos son como el veneno. Los secretos te enferman. Te vas a sentir mejor cuando escribas sobre tus secretos.

No permitas que el temor te impida ser honesto. Vas a estar tentado de esconder información sobre tu ofensa. No lo hagas. Eso solo logrará que tu tratamiento sea más difícil. No solo eso, también va a hacer que tu tratamiento sea más largo. Sé honesto. Sé exitoso.

Tarea

1. **¿Cuál fue la fecha y la hora de tu ofensa actual?**

   Tu ofensa actual es tu ofensa de más reciente convicción o adjudicación. Provee la fecha y la hora de tu ofensa actual. Sé específico. Provee el día, mes, y año. Provee la hora del día.

2. **¿Quién fue la víctima de tu ofensa actual?**

   Provee el nombre de la persona, la edad al momento de ofensa actual, la relación contigo, y cómo conociste a la víctima. Si hay más de una víctima, enumera todas las víctimas.

3. **¿Quién fue lastimado por tu ofensa?**

   Hay tres niveles de víctimas: *Primaria* (la víctima), *secundaria* (la familia y amistades de la víctima y tus familiares y amistades), y *terciaria o tercera* (la sociedad y otros que conocen sobre el crimen). Debes considerar que tú mismo puedes o no ser una víctima.

4. **¿Cuándo fue la primera vez que pensaste cometer tu ofensa?**

   Tienes que haber pensado en tu crimen antes de cometer tu crimen. Si quieres tener control de tu conducta criminal, vas a tener que mirar tu ofensa actual desde el primer momento en que pensaste cometer el crimen. Recuerda que mientras más tiempo pasas planificando un crimen, más tiempo tienes para detenerte. En otras palabras, no digas que tu crimen solo sucedió o que no pensaste en eso, porque estarías diciendo que eres tan impulsivo que eres del tipo de personas más peligrosas del mundo.

5. **¿Cómo te sentiste y qué pensaste cuando estabas planificando tu crimen?**

Asegúrate de escribir acerca de tus emociones - ¿estabas feliz, triste, enojado, o atemorizado cuando pensabas cometer el crimen? Además, ¿qué estabas pensando? Puede que quieras referirte a la tarea anterior, *"La Forma en que me Sentí sobre Mi Ofensa Actual"*.

6. **¿Qué fantasías tenias en cuanto a cómo respondería tu víctima a tu crimen?**

¿Qué imagen mental tenías en cuanto a cómo reaccionaría tu víctima? ¿Qué emociones imaginaste que tu víctima tendría? Puede que quieras referirte a la tarea anterior, *"Mis Fantasías sobre la Víctima"*.

7. **Describe cómo preparaste a la víctima.**

Cuando preparas a la víctima, creas una situación en la que puedes cometer el crimen y escapar. Describe cómo preparaste a la víctima y cualquier otra persona que pudo haberte detenido. También describe como preparaste el ambiente, por ejemplo, ¿esperaste a que estuviera oscuro; esperaste a que no hubiera nadie alrededor, etc.? Puede que quieras referirte a la tarea anterior, *"Mi Doble Vida"*.

8. **Describe lo que le hiciste a la víctima.**

Escribe una historia con un principio, medio, y final. Al principio de la historia, escribe sobre tu planificación y cómo preparaste a la víctima y otros. La parte del medio de la historia debe hablar sobre el crimen. El final de la historia debe ser sobre cómo te atraparon y el precio que tuviste que pagar.

Ayuda de Carlos

Carlos era muy sigiloso antes de comenzar en terapia. Desde que está en terapia, ha admitido cuánto acostumbraba a mentir. Le gusta ser honesto. Esto es lo que tuvo que decir sobre la honestidad:

Soy un delincuente y estoy en tratamiento. Me he dado cuenta de que si no soy honesto, no voy a terminar el tratamiento. También entendí que si no soy honesto, seré la misma persona, y ya no quiero ser esa persona.

He aprendido que la honestidad es la mejor manera de ser un buen ciudadano - pero eso no lo es todo. He aprendido sobre mí mismo. He aprendido cómo hacer uso de las herramientas en el tratamiento. Mientras más aprendo sobre mí mismo, más me gusta quien soy, y mientras más me gusta quien soy, más puedo apreciar a otras personas.

Mi vida es más fácil. La razón es la honestidad. Da mucho trabajo no ser honesto con alguien. Con mi madre, le dije que no había cometido mi crimen. Eso me agotaba. Lo mantuve así por una semana. Me fui del grupo. Me monté en el carro y me fui a la calle. Le dije a mi madre que lo había hecho. Ella dijo, "yo lo supe todo el tiempo". Me torturé a mí mismo por no decirle algo que ya ella sabía. La honestidad es fácil. Los secretos te enferman.

No soy tierra. No me van a estar abusando. Estoy haciendo algo bueno para mí mismo. Estoy en terapia. Yo me merezco cosas buenas. Mantén en mente que eres una buena persona. Una mala persona no estaría en el grupo. Una mala persona estaría todavía por ahí cometiendo ofensas. Tú eres una buena persona. Que no se te olvide.

Lo que Aprendí Sobre Mí Mismo con Mi Hoja de Trabajo para Resumen de Ofensa

Como resultado de completar las tareas del tratamiento, se supone que seas diferente. De hecho, los mayores cambios en el tratamiento ocurren en la primera parte del tratamiento.

En esta tarea, vas a hacer un inventario de las maneras en que has cambiado. Busca las opiniones de las personas importantes en tu vida, y asegúrate de darte reconocimiento cuando te lo merezcas.

1. **¿Qué sabes de tí mismo que no sabias antes de comenzar el tratamiento?**

   No mires solamente una o dos de las tareas que has realizado. Reconoce todo el trabajo que has realizado en todas las tareas, incluyendo las del Módulo de Orientación. No olvides pensar sobre las cosas que aprendiste en las sesiones de terapia grupal, por ejemplo, escuchar a otros presentar sus hojas de trabajo, escuchar lecciones educativas, etc.

2. **¿Cuáles son algunas de las cosas buenas que has aprendido sobre tí mismo?**

   Si vas a ser un éxito en la vida, necesitas saber cuáles son tus fortalezas. Se objetivo y reconoce las cosas buenas que tienes y las cosas buenas que haces.

3. **¿Cuáles son algunas de las cosas que aprendiste sobre ti mismo que no te gustaron?**

   Si vas a tener éxito, necesitas saber cuáles son tus puntos débiles. ¿Qué cosas piensas, sientes, o haces que te gustaría poder cambiar? ¿Eres todavía un trabajo en progreso? Si eso es así, ¿cuáles son las cosas en las que estás trabajando?

4. **¿Cómo cambió tu forma de pensar?**

   Tu forma de pensar puede incluir impulsos, fantasías, y errores de pensamiento. ¿Has hecho cambios en algunas de estas áreas? ¿Piensas sobre ti mismo y sobre otras personas de una manera diferente?

5. **¿Cómo ha cambiado la forma en que manejas tus emociones?**

   ¿Estás tan triste, enojado, o temeroso como estabas antes? ¿Estás más feliz? Si tus emociones han cambiado, ¿por qué piensas que han cambiado?

6. **¿Ha cambiado la forma en que te relacionas con otras persona?**

   Lo que aprendes en tratamiento debe hacer una diferencia en la forma en que te comportas fuera de tratamiento. Esto es particularmente cierto en tus relaciones. ¿El tratamiento ha hecho alguna diferencia en la forma en que interaccionas con otras personas? Explica cómo has cambiado.

Cuestionario de Historia Criminal

En esta tarea, se te va a retar a revelar toda la conducta criminal que has tenido en toda tu vida. Esta tarea es difícil, pero no porque te vaya a dar trabajo recordar todo lo que hiciste. Esta tarea es difícil por la cantidad de honestidad que tienes que usar para completarla.

Se te está pidiendo que hagas esta tarea porque es necesario. Cuando revelas tu historia criminal, tú y tu proveedor de tratamiento obtienen información importante. Tu historia criminal revela el patrón de tu conducta criminal. Una vez puedes ver este patrón, vas a saber lo que tienes que controlar. Recuerda, este programa es para que aprendas auto-control para que nadie más, como los oficiales encargados del cumplimiento de la ley, vengan a controlarte.

Orden Cronológico: Cuando contestes un ítem, ve en orden cronológica. Por ejemplo, cuando estés contestando la pregunta sobre tus ofensas relacionados con el alcohol y drogas, comienza con la primera ofensa que cometiste. Luego enumera la segunda, y sigue enumerando en orden de primero a último. Si terminas tu lista de ofensas y recuerdas algo que tiene que ir en la lista, no lo pongas al final de la lista. Ponlo en el orden cronológico correcto.

Derecho a la Quinta Enmienda: Tienes el derecho de no auto-incriminarte. Tienes el derecho de no testificar en tu contra. Todo lo que dices, haces, o escribes en tratamiento puede terminar en corte, y puede ser utilizado en tu contra, así que no proveas información que pueda resultar en un cargo legal en tu contra. Eso significa que cuando estés completando esta tarea, no debes dar el nombre de ninguna víctima o la localización, fecha u hora de ninguna conducta por la que te puedan arrestar. La tarea de la historia criminal está diseñada para ayudarte a ti y a tu proveedor de tratamiento a descubrir tu patrón de conducta criminal para que el tratamiento pueda ser individualizado y efectivo. Como tu proveedor de tratamiento no está conduciendo una investigación criminal, no necesitas proveerle el tipo de detalles que resultaría en un nuevo cargo legal en tu contra. Protégete. No digas, hagas, o escribas detalles que resulten en un cargo legal en tu contra.

Obligación de Reportar: Las leyes sobre reportar varían de estado a estado; sin embargo, la mayoría de los estados requieren que los proveedores de tratamiento reporten cuando sospechan de ciertos tipos de conducta criminal. Por esta razón, necesitas asegurarte de protegerte usando el Derecho a la Quinta Enmienda.

Se honesto cuando contestes estas preguntas. Mientras más abierto y honesto seas, más posibilidades tienes de recibir la ayuda que necesitas.

1. **Hurto:** ¿Alguna vez intentaste o en efecto cometiste un hurto? Incluye en este ítem conductas como robar, invadir propiedad privada, robo en un edificio, robo en una residencia, posesión de artículos robados, posesión de bienes obtenidos a través del crimen, robo de mercancía en tiendas, y/o robo de autos. Derecho a la Quinta Enmienda – No reveles el (los) nombre (s) de la (s) víctima (s) o la localización, fecha o la hora de ningún crimen.

2. **Asalto:** ¿Alguna vez has atentado o te has involucrado en un asalto? Un asalto ocurre cuando tienes contacto cara a cara con la víctima. Incluye en este ítem asalto, asalto armado, asalto con heridas, y/o extorción. Derecho a la Quinta Enmienda – No reveles el (los) nombre (s) de la (s) víctima (s) o la localización, fecha o la hora de ningún crimen.

3. **Crímenes Relacionados a Alcohol y Drogas**: ¿Alguna vez has atentado o has estado involucrado en un crimen relacionado al alcohol o las drogas? Incluye en este ítem posesión de sustancias controladas, venta o entrega de drogas, importar drogas, posesión de parafernalia de drogas, cultivar productos que se pueden convertir en drogas, manufacturar drogas, ofrecer drogas o alcohol a menores, usar inhalantes, menor en posesión de alcohol, intoxicación en público y/o conducir estando intoxicado. Derecho a la Quinta Enmienda – No reveles el (los) nombre (s) de la (s) víctima (s) o la localización, fecha o la hora de ningún crimen.

4. **Agresión y Violencia Familiar**: ¿Alguna vez has atentado o has estado involucrado en una agresión? Incluye en este ítem agresión simple, agresión física, agresión con daño corporal, agresión con un arma, violencia familiar, acoso, agresión agravada, y/o amenaza terrorista. Derecho a la Quinta Enmienda – No reveles el (los) nombre (s) de la (s) víctima (s) o la localización, fecha o la hora de ningún crimen.

5. **Uso o Posesión de Armas**: ¿Alguna vez has usado o estado en posesión de un arma ilegal? Incluye en este ítem uso o posesión de un arma ilegal incluyendo cuchillo, pistola, rifle, explosivos, palo de golf, bate, y/o armas de artes marciales. Derecho a la Quinta Enmienda – No reveles el (los) nombre (s) de la (s) víctima (s) o la localización, fecha o la hora de ningún crimen.

6. **Ofensas Sexuales**: ¿Alguna vez has atentado o completado una ofensa sexual? Incluye en este ítem violación, abuso sexual de menores, violación en una cita o *date rape*, exposición deshonesta, voyerismo, prostitución, prostituir a otros, tocar o rosar sin permiso, bestialismo, y/o llamadas telefónicas obscenas. Derecho a la Quinta Enmienda – No reveles el (los) nombre (s) de la (s) víctima (s) o la localización, fecha o la hora de ningún crimen.

7. **Violaciones de tránsito**: ¿Alguna vez has atentado o completado una violación de tránsito? Incluye en este ítem chocar y darse a la fuga o *hit and run*, conducir irresponsablemente, conducir agresivamente o *road rage*, y/o abandonar la escena de un accidente/crimen. Derecho a la Quinta Enmienda – No reveles el (los) nombre (s) de la (s) víctima (s) o la localización, fecha o la hora de ningún crimen.

8. **Fraude y Cheques Sin Fondos**: ¿Alguna vez has atentado o has estado involucrado en un fraude? Incluye en este ítem fraude, falsificación, cheques sin fondos, hacerse pasar por otra persona, usar la tarjeta de crédito de otra persona, estafar, y/o trampas o esquemas para quitarle el dinero a otros. Derecho a la Quinta Enmienda – No reveles el (los) nombre (s) de la (s) víctima (s) o la localización, fecha o la hora de ningún crimen.

9. **Escapar y Fugarse**: ¿Alguna vez has atentado o en efecto escapado de la justicia? Incluye es este ítem escape de custodia legal; escaparse de prisión, detención, o escuela correccional juvenil; no comparecer en una audiencia judicial según programada; no cumplir con acuerdo de fianza; y/o violación de probatoria, libertad bajo palabra o fianza. Derecho a la Quinta Enmienda – No reveles el (los) nombre (s) de la (s) víctima (s) o la localización, fecha o la hora de ningún crimen.

10. **Secuestro**: ¿Alguna vez has atentado o has estado involucrado en un secuestro? Incluye secuestro, rapto, captura, robo de auto o *carjacking*, y/o confinar ilegalmente a otra persona. <u>Derecho a la Quinta Enmienda</u> – No reveles el (los) nombre (s) de la (s) víctima (s) o la localización, fecha o la hora de ningún crimen.

11. **Provocar Incendio**: ¿Alguna vez has atentado o has estado involucrado en un incendio provocado? <u>Derecho a la Quinta Enmienda</u> – No reveles el (los) nombre (s) de la (s) víctima (s) o la localización, fecha o la hora de ningún crimen.

12. **Obstrucción de la Justicia e Identificación Falsa**: ¿Alguna vez has atentado o has estado involucrado en obstrucción de la justicia? Incluye en este ítem perjurio, agresión a un oficial de la policía, mentir a un oficial de la policía, resistir arresto, y/o desacato al tribunal. <u>Derecho a la Quinta Enmienda</u> – No reveles el (los) nombre (s) de la (s) víctima (s) o la localización, fecha o la hora de ningún crimen.

13. **Delitos Menores o *Misdemeanor***: ¿Alguna vez has atentado o has estado involucrado en un delito menor? Incluye en este ítem vandalismo, invadir propiedad privada, conducta desordenada, daños a propiedad, conducir sin licencia, y/o apuestas. <u>Derecho a la Quinta Enmienda</u> – No reveles el (los) nombre (s) de la (s) víctima (s) o la localización, fecha o la hora de ningún crimen.

14. **Misceláneos:** ¿Alguna vez has atentado o has estado involucrado en algún otro crimen no cubierto en las premisas anteriores? Si es así, escribe esos crímenes. Recuerda, quieres ser honesto y revelar lo más posible, para poder dejar al "viejo yo" en el pasado. <u>Derecho a la Quinta Enmienda</u> – No reveles el (los) nombre (s) de la (s) víctima (s) o la localización, fecha o la hora de ningún crimen.

Lo Que Aprendí Sobre Mi Mismo de Mi Historia Criminal

En esta tarea, se te va a pedir que escribas sobre lo que aprendiste de ti mismo mientras completabas la tarea de tu Historia Criminal. Para hacer esta tarea correctamente ya debes haber completado tu Cuestionario de Historia Criminal. El propósito de esta tarea es que aprendas de tu pasado.

1. **<u>Describe la conducta criminal en la que has estado involucrado a través de tu vida.</u>**

   ¿Cuándo fue la primera y la última vez que usaste esta conducta criminal? ¿Qué tipos de conducta criminal has usado y cuántas veces has usado cada tipo de conducta? ¿Muestras preferencia por algún tipo particular de conducta? ¿Cómo ha cambiado tu uso de conducta criminal a través de tu vida?

2. **<u>Describe cómo tu vida criminal ha afectado a tus seres queridos.</u>**

   ¿Cómo tu conducta criminal ha afectado a aquellos que amas? ¿Qué precio han pagado tus seres queridos por de tu conducta criminal? ¿Cómo tu conducta criminal ha afectado la manera en que tu familia y amigos piensan de ti? ¿Qué clase de efecto ha tenido tu conducta criminal en tus relaciones?

3. **<u>Explica cómo te has visto afectado a causa de tu conducta criminal.</u>**

   ¿En qué maneras te has visto afectado a causa de tu historia criminal? ¿Qué has perdido debido a tu historia criminal? Las pérdidas pueden incluir cosas como tiempo y libertad perdidos porque estabas confinado, pérdida de relaciones, pérdida de ingreso, pérdida de oportunidades, pérdida de respeto, etc.

4. **<u>¿Estás cambiando?</u>**

   ¿Has comenzado a cambiar de un estilo de vida criminal a un estilo de vida ciudadano? Si es así, explica cómo has cambiado. ¿Han cambiado tu forma de pensar, tus emociones, y tus relaciones?

5. **<u>¿Qué tipo de futuro vas a tener?</u>**

   Si continúas tu patrón de conducta criminal, ¿qué tipo de futuro vas a tener? Si haces el cambio a un estilo de vida ciudadano, ¿qué tipo de futuro vas a tener? ¿Cuál eliges, un estilo de vida criminal o ciudadano? ¿Por qué hiciste esa elección?

Módulo Tres: Auto-Control

Los crímenes no salen de la nada. Antes de que alguien cometa un crimen, tiene que querer cometer el crimen, hacer un plan, y luego preparar la situación para que se pueda cometer el crimen. Todas esas cosas pasan antes del crimen. Por eso es que decimos, *"los crímenes no suceden de la nada"*.

La justicia sabe que los crímenes no suceden de la nada. Cuando los oficiales de la justicia hablan de este tema, se refieren a eso como el *modus operandi* o *MO* de la persona. De acuerdo a la justicia, el MO de una persona se compone de dos partes.

Primero, el MO es cualquier cosa que hace la persona para asegurarse de poder cometer el crimen y escapar. Segundo, no todos los crímenes con cometidos de la misma forma y el toque personal que un criminal le pone al crimen es conocido como su "firma". Por ejemplo, un criminal que entra a robar en residencias privadas, entra en las residencias lanzando muebles de patio por la puerta trasera. Otro criminal podría simplemente romper a patadas la puerta del frente. Cada uno de estos criminales tenía que buscar la manera de entrar en la casa para robar, pero cada uno tenía su propia "firma" para entrar.

Expertos en tratamiento han tomado prestado el concepto de MO de la justicia y lo han convertido en algo llamado "escalones". Así como el MO captura el forma personal que tiene el individuo de cometer un tipo particular de crimen, los "escalones" son el patrón que tiene el individuo de cometer un tipo particular de crimen. En el tratamiento, se espera que puedas identificar tu patrón criminal, o escalón, y luego desarrollar formas de bajarte del escalón, para lograr el objetivo de **¡No Más Víctimas!** Los escalones tienen que ver con cambiar del "viejo yo" al "nuevo yo".

Hay una fábula Cherokee que puede ayudarte a crear una imagen en tu mente sobre cómo es cambiar del "viejo yo" al "nuevo yo". En esta fábula un abuelo está ayudando a su nieto adolescente a lidiar con un problema personal muy parecido al problema que estás enfrentando. Las sabias palabras que el abuelo compartió con su nieto puede que te apliquen a ti.

Un guerrero adolescente va al tipi de su abuelo a discutir un problema. El joven guerrero dice, "hay una terrible batalla dentro de mí. Es como si tuviera dos lobos dentro de mí y estuvieran peleando. Un lobo es malvado, y quiere que yo haga cosas malas. Cuando el lobo malvado es más fuerte, no hago las cosas correctas. Hago cosas malas y lastimo a otros. El otro lobo es bueno, y quiere que haga cosas buenas. Cuando el lobo bueno es más fuerte, hago cosas buenas. Me siento fuerte y poderoso. Estoy más cerca de mi familia y de mi tribu. Estos dos lobos están constantemente peleando. No tengo paz. Abuelo, no sé qué hacer y tengo miedo. Dime, ¿cuál lobo va a ganar? ¡Necesito saber!".

El abuelo puso su mano en el hombro del joven guerrero y simplemente dijo, "Eso es fácil. Ganará el lobo al que alimentes".

¿Cuáles son los escalones?

Piensa en los pasos que tomaste para llegar a tu crimen, como los escalones en la escalera. Cada paso es un pensamiento, sentimiento, o acción que tomaste. Cada paso que tomaste te acercó a cometer el crimen.

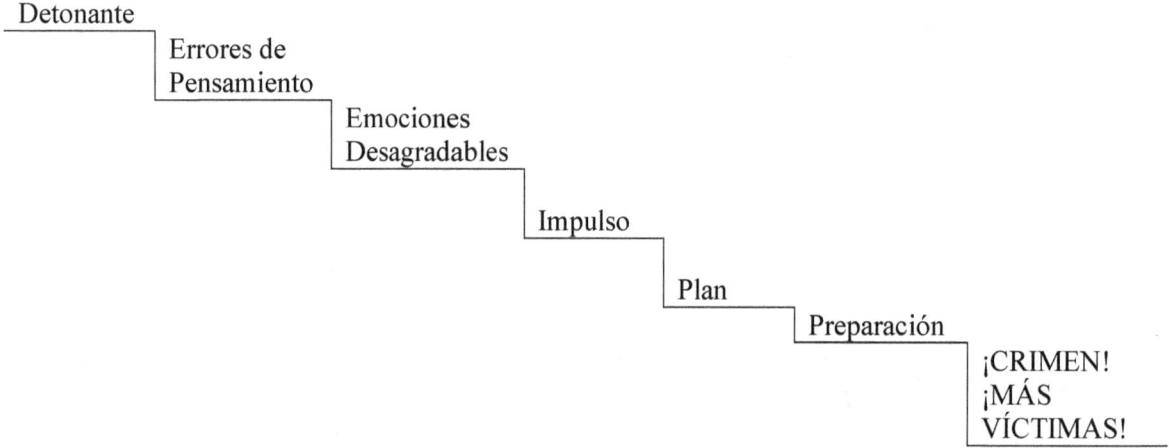

No subes a la escalera hasta que tienes un detonante (estrés en tu vida). Después de que sucede el detonante, comienzas a pensarlo. Usas errores de pensamiento cuando piensas en el detonante. Los errores de pensamiento no te hacen sentir mejor; te hacen sentir una emoción desagradable. Te hacen sentir triste, enojado, o temeroso.

Como cualquier otra persona, cuando sientes una emoción desagradable, quieres sentirte mejor. Comienzas a imaginarte cosas que te puedan hacer sentir mejor. Te dan impulsos, y algunos de esos impulsos son impulsos criminales.

Una vez decides seguir tus impulsos criminales, empiezas a planificar tu ofensa. Luego, preparas a tu víctima. Finalmente, cometes la ofensa. Así es que vas bajando la escalera y cometes una ofensa.

Escalones	Signos de que Estás en Este Escalón de la Escalera
Detonante – Cualquier situación estresante puede ser un detonante. La mayoría de los detonantes son conflictos con personas importantes en tu vida. Usar drogas no es un detonante. Ya cometiste un crimen si estás usando drogas.	• Discutir con novio o novia, familia, amigos, maestros, jefes/supervisores, etc. • No tener dinero. • Restricciones por probatoria o libertad condicional. • Cualquier estrés en tu vida.
Errores de Pensamiento – Usas algún error de pensamiento de los que están enumerados en la sección de orientación de este manual.	• Algunos errores de pensamiento sobre el detonante que suelen ser comunes incluyen "lucha de poder", "egoísmo", "sentirse con derechos", "pobre de mí", "llevar cuentas", y "Chico Bueno/Chica Buena".
Emociones Desagradables – Existen cuatro emociones básicas: alegre, triste, temeroso, y enojado. Cuando sientes una de las emociones desagradables (triste, temeroso, o enojado), tratas de evadir el sentimiento desagradable por medio de los impulsos criminales.	• Puede que te sientas triste, temeroso, o enojado. • Puede que no reconozcas la emoción, pero puedes notar que tu cuerpo ha cambiado: tu corazón late más rápido, respiras más rápido, cierras los puños, caminas de lado a lado, etc.
Impulso – Un impulso es la imagen en tu mente de cometer la ofensa. Cada imagen mental crea un sentimiento. El sentimiento que te da cuando piensas sobre la conducta es usualmente una emoción placentera, alegre. El impulso criminal es el primer paso	• Pasas tiempo imaginando como sería cometer la ofensa. • Imaginas cuanto mejor la ofensa te haría sentir. • Sueñas despierto sobre cuánto mejor sería tu vida una vez hayas cometido el ofensa.

de una conducta que usas para escapar del sentimiento desagradable causado por el detonante.	
Plan – Planificar es encontrar la mejor manera de cometer el ofensa y escapar. Algunos planes son simples; otros son complicados. Cuando planificas, tienes muchas ideas en cuanto a cuándo, dónde, y cómo cometer la ofensa. Puede que el planificar la ofensa te haga sentir emocionado y feliz.	• Consideras diferentes momentos y lugares para cometer la ofensa. • Tratas de escoger la víctima perfecta. • Recuerdas lo que has logrado en el pasado y tratas de encontrar cómo hacerlo de nuevo.
Preparación – La preparación es cualquier cosa que hagas para aislar la víctima para poder tomar ventaja de ella. Cualquier cosa que hagas para evitar que familiares y amistades sepan de tus impulsos, planes, y actos criminales es parte de la preparación.	• Observas a la víctima y tratas de encontrar sus debilidades. • Observas a la víctima y tratas de encontrar el mejor momento para cometer el crimen. • Tratas de poner una fachada falsa frente a familiares, amistades, y otros ciudadanos.

Tarea

1. Busca una libreta. Escribe cada escalón de la escalera. Deja bastante espacio entre cada escalón. Vas a estar describiendo cada escalón en detalle.

2. Enfócate en una ofensa criminal que hayas cometido. Que sea un ofensa importante, como la ofensa actual que te trajo a este programa.

3. Analiza la ofensa que seleccionaste y muestra cómo completaste cada escalón de la escalera. Comienza desde abajo de las escaleras y ve hacia atrás. Por ejemplo, escribe el crimen. Después escribe como preparaste el crimen y continúa hacia atrás hasta que llegues al detonante.

4. Presenta la tarea en una sesión de grupo y revisa la tarea basado en la retroalimentación del grupo. Sigue revisándola hasta que tu proveedor de tratamiento aprueba la tarea.

Afrontando los Detonantes

Un detonante es cualquier cosa que sea estresante. La vida es estresante. No puedes escapar el estrés, así que siempre vas a tener detonantes.

Como no puedes eliminar los detonantes, la forma en que enfrentes los detonantes va a ser muy importante. Tú decides a cómo enfrentar los detonantes. De hecho, hay dos maneras de enfrentar los detonantes.

- **Nociva** – Tu "viejo yo" solía manejar el estrés rompiendo las reglas o cometiendo una ofensa. Esto no alivia el estrés – más bien puede crear más estrés. Esta es la forma en que tu "viejo yo" puede crear más estrés: el estrés puede comenzar como un problema; por ejemplo, puedes tener una discusión con tu madre. Si manejas el estrés cometiendo un crimen, has creado otro problema. Todavía tienes el problema original, pero tu respuesta al problema ha creado otro problema. ¿Cuán sabio es eso? Ahora tienes dos problemas en lugar de uno.
- **Saludable** – La persona saludable, el "nuevo yo", maneja el estrés siguiendo las reglas. La persona saludable trata de lidiar con el problema directamente, usando las guías aprobadas por la sociedad. La persona saludable no crea más problemas. Aun si le toma un largo tiempo a la persona saludable resolver el problema, la persona saludable todavía tiene un solo problema.

Debes entender que los detonantes no te hacen cometer un crimen. Tú tomas decisiones. Siempre tienes dos opciones: puedes elegir actuar como el "viejo yo" y cometer un crimen, o puedes elegir actuar como el "nuevo yo" y seguir las reglas.

Siempre vas a tener estrés en tu vida, así que siempre vas a tener una decisión que tomar. La decisión es sencilla: ¿quieres ser el "viejo yo" o quieres ser el "nuevo yo"? Un camino lleva a tu destrucción y el otro a felicidad y éxito. Elige sabiamente.

Tarea

1. ¿Qué es un detonante?

2. ¿Cuáles son las dos maneras de enfrentar un detonante?

3. ¿Los detonantes te hacer cometer crímenes?

4. ¿Vas a estar libre de detonantes alguna vez en tu vida?

5. ¿Cuál fue tu detonante cuando cometiste tu ofensa actual?

6. ¿Qué tipo de estrés tienes en tu vida en este momento?

7. ¿Puede el estrés que tienes en tu vida en estos momentos ser un detonante? Explica tu respuesta.

8. ¿Cómo estás lidiando con el estrés que tienes en tu vida en estos momentos – como el "viejo yo" o como el "nuevo yo"?

Afrontando Errores de Pensamiento

Cuando estabas usando el Registro de Pensamientos, aprendiste a reconocer e identificar los errores de pensamiento. Sin embargo, no basta con reconocer e identificar un error de pensamiento – debes aprender cómo dejar de usar los errores de pensamiento. La Técnica de las Tres Columnas es la mejor manera de aprender a eliminar los errores de pensamiento.

La Técnica de las Tres Columnas es muy parecida al Registro de Pensamientos. Cuando usas la Técnica de las Tres Columnas, debes identificar tus pensamientos e identificar tus errores de pensamiento, tal como lo hiciste cuando escribías en tu Registro de Pensamientos. Sin embargo, la Técnica de las Tres Columnas tiene un paso adicional. Una vez has identificado tus errores de pensamiento, debes tener un debate contigo mismo. Debes convencerte en contra de los errores de pensamiento. De esta manera, puedes aprender a vencer tus propios errores de pensamiento.

Direcciones:

1. Busca un papel. Dibuja dos líneas a lo largo del papel, líneas verticales, creando tres columnas en el papel.

2. Identifica la primera columna como "Pensamiento". Las próximas dos columnas son "Errores de Pensamiento" y "Solución".

3. En la primera columna, anota los pensamientos que has tenido durante el día. Las anotaciones deben ser solo de tus pensamientos. No incluyas actividades o emociones.

4. Luego, analiza el pensamiento que escribiste e identifica cualquier error de pensamiento que puedas encontrar. Enumera los errores de pensamiento en la columna del medio.

5. En la tercera columna, convéncete de dejar el pensamiento y el error de pensamiento explicándote por qué no debes pensar de esta manera y por qué no debes usar los errores de pensamiento que identificaste. La solución debe ser más creíble para ti que el pensamiento original – de otra manera seguirías creyendo el error de pensamiento. Es mejor no escribir nada en la tercera columna que escribir algo en lo que no creas.

6. Entrega esta tarea semanalmente, hasta que tu proveedor de tratamiento te indique que puedes dejar de hacerlo.

Ejemplo de la Técnica de las Tres Columnas

Pensamiento	Error de Pensamiento	Solución
Mi vecino me gritó por caminar por su patio. Al diablo con él. Voy a caminar por donde me dé la gana. Él no me puede decir lo que puedo hacer.	Llevar Cuentas Lucha de Poder Sentirse con Derechos	*Es su patio, y hay una acera en perfectas condiciones justo al lado. No necesito estar buscando problemas en la comunidad. ¿Qué pasaría si mi oficial de probatoria hablara con los vecinos?*

Pensamiento	Error de Pensamiento	Solución
He tenido un mal día. Necesito fumar mariguana. Solo lo voy a hacer una vez Nadie se va a enterar.	Pobre de Mi Minimizar Super Optimismo	*Piensa. Me hacen las pruebas de drogas a cada rato. Se van a dar cuenta. Creo que ellos están buscando cualquier excusa para encerrarme de nuevo. No quiero darles ninguna razón que puedan usar para hacerme daño.*

Pensamiento	Error de Pensamiento	Solución
Mi novia me dejó - ¡increíble, qué "C"! ¿Qué le hice? Soy una buena persona. Ella no me entiende.	Pobre de Mi Coraje Llevar Cuentas Chico Bueno	*Yo sé porque me dejó. Estaba hablando con su prima y su prima le contó. No fui fiel. Es mi culpa y no puedo culpar a nadie más. Eso es lo que les pasa a los mujeriegos - los dejan.*

Afrontando las Emociones

Existen cuatro emociones básicas: alegría, tristeza, coraje, y miedo. La alegría es una emoción placentera. Las tres emociones desagradables son tristeza, coraje y miedo.

Aunque algunas emociones son desagradables, todas las emociones son buenas porque todas las emociones pueden darte información importante - aun las emociones desagradables. ¿No me crees? Considera esto: digamos que estás a punto de hacer algo bien estúpido, pero estás sintiendo preocupación o miedo. ¿Debes escuchar a tu miedo? Tu miedo te está diciendo que si haces esto, te vas a hacer daño. Escucha a tu miedo si no quieres salir lastimado. Si no escuchas a tu miedo, hay grandes posibilidades de que te hagas daño. Aun las emociones desagradables pueden ser buenas, si estás dispuesto a escucharlas.

Antes de cometer tu ofensa, tus emociones probablemente estaban tratando de decirte que no cometieras el crimen. Tu no las escuchaste... pero ese era tu "viejo yo". Tu "viejo yo" no sabía cómo lidiar con las emociones. Ahora estás tratando de cambiar tus costumbres y convertirte en el tipo de persona que puede lidiar con las emociones, aun con las emociones desagradables.

Hay dos maneras básicas para manejar emociones desagradables - nociva y saludable. Siempre puedes elegir cómo manejar tus emociones:

- **Viejo Yo** – Tu "viejo yo" cometió dos errores al manejar emociones desagradables. Primero, querías alivio rápido de las emociones desagradables, así que elegiste cometer crímenes para sentir alivio de las emociones desagradables. Segundo, tu "viejo yo" no podía controlar las emociones desagradables y dejaste que tus emociones le afectaran a otras personas. Es como el viejo dicho "a la miseria le gusta la compañía". Cuando el "viejo yo" sentía una emoción desagradable, tratabas de hacer sentir a otros emociones desagradables.

- **Nuevo Yo** – La manera principal en que una persona saludable maneja las emociones desagradables es hablando sobre esos sentimientos. Al hablar sobre las emociones desagradables, la persona saludable no tiene que quedarse con las emociones adentro. La otra persona puede ayudar compartiendo la carga de las emociones desagradables. Hablar es la manera en que tu "nuevo yo" debe enfrentar las emociones desagradables.

Cuando hablas sobre las emociones, necesitas hablar sobre la raíz de las emociones, o lo que causó cada emoción. Las diferentes emociones tienen raíces diferentes.

- **Coraje** – No puedes sentir coraje sin haber sido lastimado. Sentir que te han hecho daño es la raíz del coraje. Cuando sientas coraje, habla sobre el dolor. No hables sobre cuanto coraje tienes.
- **Tristeza** – La tristeza es un signo de que has perdido algo. La pérdida es la raíz de la tristeza. Cuando sientas tristeza, habla de tu pérdida.
- **Miedo** – La raíz del miedo es una amenaza. Solo puedes sentir miedo cuando hay una amenaza. Algunas amenazas son reales. Algunas amenazas no son reales; están solo en tu mente. Cuando sientas miedo, habla de la amenaza.

Si quieres hablar de tus emociones, ten cuidado. A veces hablar sobre tus emociones puede agitarte, y te puede dar más coraje. Si encuentras que te estás agitando, definitivamente no estás hablando de tus emociones de la manera correcta. Recuerda, debes hablar de las raíces de las emociones.

Has tenido emociones desagradables en el pasado, y las tendrás en el futuro. Ahora que sabes cómo funcionan las emociones, tienes alternativas. Puedes hacer las cosas como las hacía tu "viejo yo" y crear más problemas para ti - o puedes tratar de ser un "nuevo yo" y enfrentar las emociones como lo hace una persona saludable, hablando de las raíces de las emociones. Hay dos caminos - "viejo yo" y "nuevo yo". La decisión es tuya.

Tarea

1. ¿Cuáles son las tres emociones desagradables?
2. ¿Cómo las emociones desagradables pueden llevar a una ofensa?
3. ¿Cuál es la raíz del coraje?

4. ¿Cuál es la raíz de la tristeza?

5. ¿Cuál es la raíz del miedo?

6. ¿Cuál es la manera perjudicial de enfrentar las emociones?

7. ¿Cuál es la manera saludable de enfrentar las emociones?

Afrontando los Impulsos

Los impulsos son automáticos, y a veces no puedes evitar que te vengan a la mente. Aun si no puedes evitar que un impulso te venga a la mente, puedes elegir qué hacer con tu impulso. Puedes elegir controlar tu impulso o dejarte llevar por tu impulso y cometer un crimen. Siempre tienes una opción en cuanto a los impulsos.

Si quieres controlar mejor tus impulsos, debes usar el Registro de Impulsos. El Registro de Impulsos es una manera simple de monitorear los impulsos que te dan y cómo respondes a esos impulsos. Puedes usar el Registro de Impulsos para aprender cómo ser más efectivo en manejar los impulsos. Ese es el poder del Registro de Impulsos. Puedes aprender a reconocer y controlar tus impulsos. Esta es una parte importante de hacer el cambio del "viejo yo" al "nuevo yo".

Direcciones:

1. Busca papel de libreta para usarlo como tu Registro de Impulsos. Usa solo la parte de al frente de las páginas; no escribas por detrás de las páginas. Usa letra legible. Si tu letra no es legible, es posible que te requieran imprimir tu Registro de Impulsos.

2. Prepara cuatro columnas en la página. Rotula cada columna:

    A) **Evento** – Anota el día, la hora, el lugar, y las personas involucradas en el evento.

    B) **Impulso** – Describe tu impulso, por ejemplo: ¿qué querías hacer en respuesta al evento? Muchas veces, el impulso que te da es por una vía criminal.

    C) **Índice de Intensidad** – En una escala de uno a diez, con diez siendo el más fuerte, evalúa cuán fuerte fue tu impulso.

    D) **Técnicas de Control** – Describe cómo controlaste tu impulso. Puede que quieras referirte a las técnicas de auto-control en este manual de tratamiento.

3. Lleva el registro contigo todo el tiempo. Cuando experimentes un impulso, entra una anotación en tu registro.

4. Entrega tu registro a tu proveedor de tratamiento todas las semanas.

5. Completa un nuevo registro cada semana mientras estés en esta etapa, o hasta que tu proveedor de tratamiento te diga que puedes dejar de hacer esta tarea.

Afrontando la Preparación

La preparación es cualquier cosa que haces para cometer una ofensa y salirte con la tuya. La preparación tiene dos partes. La primera es la parte en que preparas la situación para poder cometer el crimen. La segunda es la parte en que te aseguras de poder escapar.

Preparar la Situación – Cuando cometes un ofensa, tienes que preparar a la víctima y a cualquiera que pienses que va a tratar de detenerte. Si tu crimen fue en contra de una persona, tienes que haber preparado a la persona que victimizaste y a cualquier otra persona que te haya podido detener de lastimar a esa persona. Si tu crimen fue relacionado a propiedad o drogas, preparaste la situación controlando o manipulando a cualquiera que pudiera detenerte de cometer la ofensa.

Escape – No querías que te atraparan cometiendo tu crimen, así que hiciste lo que pensaste que podía evitar que otros te atraparan. Puede que hayas hecho algo simple como mantener un secreto. En otros momentos, puede que hayas tenido que hacer mucho más que solo mantener secretos. Puede que hayas tenido que mentir, manipular, o distraer para asegurarte de poder llevar a cabo el crimen.

Pasaste mucho tiempo tratando de encontrar la mejor manera de preparar tu crimen, y aun así te atraparon. Si no puedes creer que te hayan atrapado, necesitar releer la sección de introducción de este manual. Te darás cuenta de que es solo una cuestión de tiempo el que cualquiera sea atrapado por su crimen, no importa cuán buena haya sido la preparación.

Debes saber que también te preparas a ti mismo. Te convenciste de que había una forma correcta de cometer tu ofensa. No le prestaste atención a lo que las personas saludables saben: **no hay una manera correcta de hacer algo incorrecto**.

Tarea

1. ¿Hay alguna manera correcta de preparar un crimen?
2. ¿Cómo preparaste a la(s) víctima(s) de tu ofensa?
3. ¿Cómo te preparaste a ti mismo?

Plan Para Salirte de los Escalones

Cualquier estrés puede ser un detonante para ti, y eso puede causar que subas a los escalones. Una vez estás en los escalones, tienes una opción. Tu "viejo yo" seguiría todo el camino hacia abajo de las escaleras hasta llegar al fondo y lastimarte a ti mismo y a alguien más.

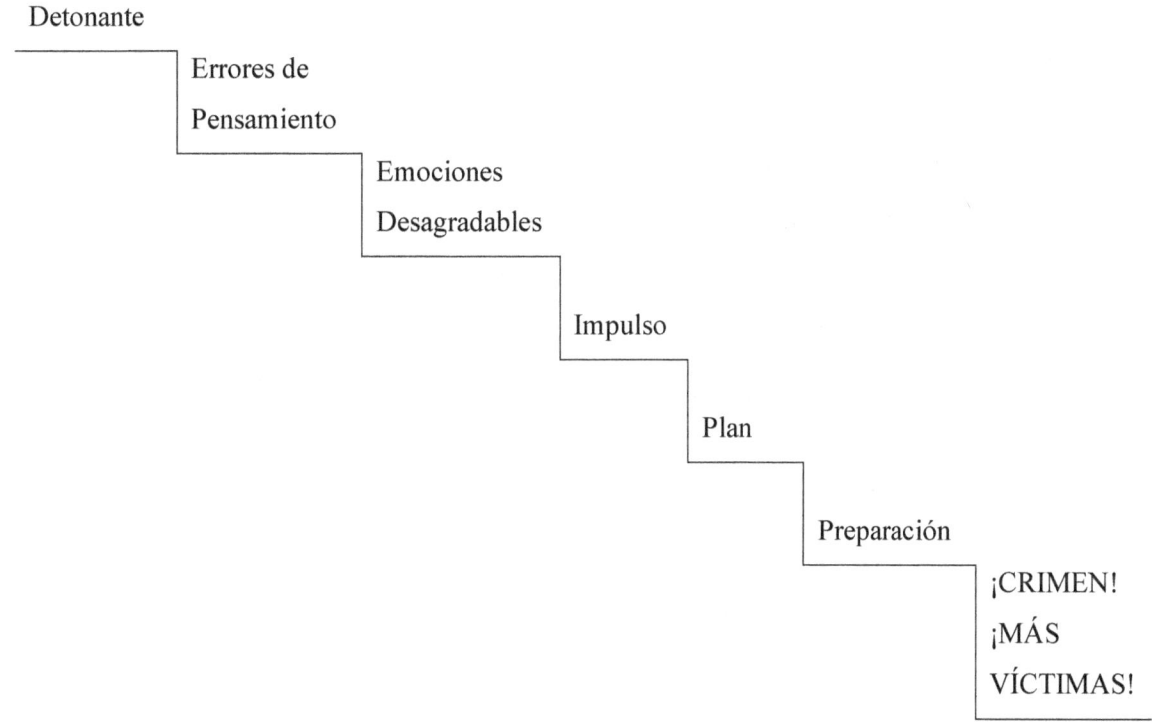

No tiene que ser de esa manera; no tienes que dejar que tu "viejo yo" lo dañe todo. Tu "nuevo yo" puede brincar de la escalera antes de llegar hasta abajo. ¿Sabes cómo brincar de la escalera? Fácil - para cada uno de los escalones, encuentra una manera de enfrentar ese escalón como un ciudadano. Los ciudadanos no crean víctimas, Si te comportas como un ciudadano, vas a obtener **¡No Más Víctimas!**

Tarea

1. Encuentra cómo salirte de la escalera enfocándote en uno de los crímenes que cometiste. Primero, piensa en <u>un</u> crimen que cometiste. Escribe ese crimen en el fondo de la escalera. Luego escribe como preparaste ese crimen. Continúa trabajando de abajo hacia arriba de la escalera hasta llegar al detonante.

2. Ahora trabaja desde arriba hacia abajo de las escaleras comenzando con el detonante. Escribe un plan de cómo podrías enfrentar ese detonante si ese detonante ocurriera de nuevo en tu vida. Ve al segundo paso y escribe sobre cómo enfrentarías los errores de pensamiento si esos mismos errores de pensamiento ocurrieran en tu hoy vida. Continua trabajando hacia abajo de las escaleras hasta que hayas escrito un plan de cómo enfrentar cada escalón de la escalera.

Por favor entiende que aun si vas hasta el último escalón de la escalera y cometes otro crimen, de todas maneras tienes que encontrar una manera de enfrentar ese escalón de la escalera. En otras palabras, debes encontrar la manera de asegurar que un crimen no se convierta en muchos crímenes. Cometer un crimen no significa que tienes que volver a una vida de crimen. El "nuevo yo" puede afrontar un nuevo crimen de manera que puedas prevenir que tu "viejo yo" tome el control y arruine tu vida.

Modulo Cuatro: Grupo de Apoyo

Debes comenzar a trabajar en el Módulo Cuatro desde el inicio en este programa de tratamiento. Este módulo está diseñado para involucrar a tus seres queridos en ayudarte a crear tu "nuevo yo". Se le llama grupo de apoyo a los familiares y amigos que reclutes para ayudarte. Vas a tomar tres pasos para crear tu grupo de apoyo:

1. Identifica a las personas que quieres que formen parte de tu grupo de apoyo.
2. Pídele a cada una de estas personas que sea parte de tu grupo de apoyo.
3. Crea un Contrato de Grupo de Apoyo entre tú y las personas en tu grupo de apoyo.

Estos pasos suenan fácil, pero no lo son. Estos pasos pueden ser los pasos más importantes que tomes en tu camino del "viejo yo" al "nuevo yo". Vas a tener que superar muchas inseguridades. Vas a tener que arriesgarte a ser abierto y honesto. Sin embargo, al final tus esfuerzos van a ser recompensados. Las personas importantes en tu vida van a saber de tus problemas con el crimen. Ellos van a ser adiestrados en cómo apoyarte mientras trabajas en tu problema, y ellos van a convertirse en tu grupo de apoyo de por vida.

Ayuda de Daniel

Daniel era un cliente en un programa de tratamiento muy parecido a este. Así como tú, una de las cosas que tenía que hacer era crear un grupo de apoyo. Así como tú, Daniel tuvo que batallar entre guardar secretos y la honestidad. Esto es lo que él tuvo que decir:

Si estás leyendo esto, es porque como a mí, tu conducta te ha metido en problemas. De hecho, guardar secretos fue lo que probablemente me metió en problemas. Guardar secretos es algo que debes dejar de hacer si quieres tener éxito. Probablemente tienes a alguien que se preocupa por ti.

Lo más probable es que esta persona solo tiene una parte de los datos de tu crimen y víctimas. A cualquiera que elijas que sea parte de tu tratamiento, vas a tener que ser honesto. No puedes mantener secretos.

Las personas a las que involucras en tu tratamiento probablemente conocen a tu víctima y a tu crimen. Como pasa muchas veces en estas circunstancias, hay probablemente algunas cosas que estas personas no saben sobre tu crimen. Es <u>NECESARIO</u> que reveles todo y que tu relación vuelva a basarse en la honestidad.

Siempre existe la posibilidad de que tu honestidad haga que termine una relación. No te arriesgues a terminar tus relaciones. No seas brutalmente honesto diciendo todo de una vez. Puede que las personas se escandalicen. Deja que las personas importantes para ti se unan al tratamiento. El personal del tratamiento puede ayudarte a decidir cuándo y cuánto revelar en un momento dado.

Informales a las personas importantes para ti que necesitas ser honesto para tener éxito. Diles que necesitas poder confiar en ellos para decirles la verdad. Revela tus secretos, y haciéndolo puedes permanecer y progresar a través de las sesiones grupales y el tratamiento. ¡BUENA SUERTE!

Necesito la Ayuda de Aquellos que me Aman

Tu "viejo yo" es la persona que cometía los crímenes. Estás tratando de crear un "nuevo yo", una persona que va a ser feliz y exitosa y que va a tener **¡No Más Víctimas!**

Cuando el "viejo yo" tenía el control, tú no le decías tus secretos a aquellos que te amaban. Te aislabas. Mantenías a tus seres queridos a distancia. Todo eso tiene que cambiar. Los secretos eran la base para el "viejo yo". Los secretos son la base para nuevas ofensas y más víctimas. Ahora que estás en este programa de tratamiento, tu meta es **¡No Más Víctimas!** Tienes que eliminar los secretos de tu vida si quieres alcanzar esa meta.

Necesitas ser abierto y honesto sobre tu "viejo yo" con aquellos que te aman. Esa es la única manera en que puedes tener la ayuda que necesitas.

Probablemente te has dicho muchas cosas a ti mismo para justificar el ocultar secretos a tus seres queridos. ¿Te has dicho a ti mismo algunas de las siguientes cosas?

- Si les digo sobre mis crímenes, no me van a querer o no les voy a importar.
- Me da mucha vergüenza hablar del "viejo yo" y de las cosas que hacía.
- Quiero protegerlos de tener que escuchar cosas malas sobre mí.
- Temo que la relación con mis seres queridos pueda cambiar si les digo.

No importa lo que te hayas estado diciendo a ti mismo para justificar el mantener secretos, estas equivocado. Necesitas la ayuda de tus seres queridos, y solo puedes tener su ayuda si eres abierto y honesto. Guardar secretos es una actitud del "viejo yo". La costumbre de guardar secretos se cura con honestidad. La honestidad es la actitud del "nuevo yo".

El propósito de ser honesto no es hacerte sentir culpa o vergüenza. Hay dos metas que vas a cumplir al ser honesto con otros:

Monitorear – Cuando eres honesto con tus seres queridos en cuanto a tu "viejo yo", ellos te pueden monitorear y darte retroalimentación si ven que estas recayendo en la conducta del "viejo yo". Tus seres queridos también pueden darle retroalimentación a tu proveedor de tratamiento sobre tu conducta. Basado en esta retroalimentación tu proveedor de tratamiento puede cambiar tu tratamiento para aumentar tus posibilidades de ser exitoso.

Relaciones Saludables – Cuando eres honesto con tus seres queridos en cuanto a tu pasado, estás aumentando tu honestidad. La honestidad es la base para relaciones saludables. Cuando eres honesto, estás construyendo una base sólida. Tienes una mejor oportunidad de ser feliz y exitoso.

Ser honesto con tus seres queridos es una parte importante de cambiar del "viejo yo" al "nuevo yo". Claro, vas a estar asustado de ser honesto. Vas a estar tentado de mantener el "viejo yo" en secreto.

Debes recordar que guardar secretos es lo que mantiene vivo a tu "viejo yo". La honestidad puede romper con tu "viejo yo" y darte la oportunidad de tener verdadera felicidad y libertad. Una vez tus secretos han sido eliminados, puedes relacionarte con los demás de manera saludable. Este es un paso importante hacia **¡No Más Víctimas!**

Tarea

1. ¿Qué secretos le ocultaste a tus seres queridos en cuanto a tu "viejo yo"?
2. ¿A quién de tus seres queridos le has contado de tu "viejo yo"? ¿Has sido honesto?
3. ¿Qué secretos continuas ocultando sobre tu "viejo yo"?
4. ¿Qué te dices a ti mismo para justificar el ocultar secretos a tus seres queridos?
5. ¿Cómo vas a aumentar tu honestidad con tus seres queridos?

Las Personas en Mi Grupo de Apoyo

Cualquiera que te quiera y quiera que seas un ciudadano puede estar en tu grupo de apoyo. Tu grupo de apoyo puede incluir personas como tu novio o novia, padres, familiares, o buenos amigos. No importa quién(es) sea(n) tu fuente de apoyo, siempre y cuando te quieran y quieran que seas un ciudadano.

Probablemente sabes qué personas en tu vida realmente te quieren, pero ¿sabes que personas en tu vida realmente quieren que seas un ciudadano? Hay dos tipos de cosas que tus seres queridos pueden hacer para ayudarte a convertirte en un ciudadano, así que considera cuál de tus seres queridos estaría dispuesto a ayudarte de las siguientes maneras:

- **Durante el Tratamiento** – Durante el tratamiento, tus seres queridos pueden ayudarte a convertirte en un ciudadano motivándote y ayudándote a completar las tareas en este manual. Tus seres queridos también pueden ayudarte a convertirte en un ciudadano hablando con tu proveedor de tratamiento y otro personal y dejándoles saber cómo te está yendo.

- **Después del Tratamiento** – Después de que haya terminado el tratamiento, ya no vas a tener contacto con tu proveedor de tratamiento u otro personal, pero todavía vas a necesitar apoyo. Los seres queridos que están dispuestos a ayudarte a crear tu estilo de vida ciudadano, son los mismos que te van a ayudar cuando estés tratando de mantener tu estilo de vida ciudadano, y te van a confrontar si ven que estás recayendo. Ellos van a reemplazar a tu proveedor de tratamiento y van a ser una fuente de influencia positiva el resto de tu vida.

Las personas que elijas para formar parte de tu grupo de apoyo deben ser buenos modelos a seguir y deben ser una buena influencia para ti. Si pasas el tiempo con personas que hacen cosas malas, tu "viejo yo" va a tomar fuerza y vas a volver a la forma de hacer las cosas del "viejo yo". Si pasas el tiempo con personas que son ciudadanos, para tu "nuevo yo" será más fácil fortalecerse y tú serás feliz y exitoso.

Tarea

1. Enumera a los seres queridos que quieres que sean parte de tu grupo de apoyo.

2. Para cada persona que enumeres, responde las siguientes preguntas:

    A. ¿Cuál es la relación de esta persona contigo?

    B. ¿Con cuánta frecuencia tienes contacto con esta persona?

    C. ¿Puede esta persona asistir a sesiones de terapia contigo?

    D. ¿Es esta persona una influencia positiva? ¿Sabe esta persona sobre tu "viejo yo"? ¿Es esta persona suficientemente fuerte para quererte y aun así admitir que hiciste algo incorrecto? ¿Esta persona te justifica o minimiza tu ofensa?

3. ¿Quién va a ser parte de tu grupo de apoyo?

Carta a Mi Grupo de Apoyo

Ahora que has elegido a las personas que quieres que estén en tu grupo de apoyo, necesitas pedirle que sean miembros de tu grupo de apoyo. Puede ser difícil pedir ayuda. Es particularmente difícil pedir ayuda con el "viejo yo". Puedes escribir una carta, y cuando te reúnas con tu grupo de apoyo, les puedes leer la carta. Eso hará mucho más fácil el pedir la ayuda que necesitas.

<u>**Tarea**</u>

1. Escríbele una carta a las personas en tu grupo de apoyo. Una carta puede ser escrita para todos en tu grupo de apoyo; no es necesario escribir una carta aparte para cada persona. En la carta, debes decirles a estas personas sobre el "viejo yo" y lo que ellos pueden hacer para ayudarte a ser el "nuevo yo". Le vas a leer la carta con la ayuda de tu proveedor de tratamiento.

2. Usa el siguiente bosquejo cuando vayas a escribir la carta a tu grupo de apoyo:

   A. **Saludo** – Déjales saber que estás en tratamiento y que para ser exitoso vas a necesitar el apoyo de las personas importantes en tu vida. Déjales saber que ellos son las personas importantes que pueden ayudarte.

   B. **Autorrevelación** – Háblales del "viejo yo". No culpes ni minimices. Puedes usar información de la Hoja de Trabajo para Resumen de Ofensa, el Cuestionario de Historia Criminal, y otras tareas en este manual para describir el "viejo yo".

   C. **Meta** – Déjale saber a la persona que la meta del tratamiento es **¡No Más Víctimas!** Explica la meta. Explica por qué es importante para ti.

   D. **Pide Ayuda** – Explica cómo los miembros de tu grupo de apoyo pueden ayudarte a alcanzar la meta de **¡No Más Víctimas!** Recuerda que ellos pueden ayudarte mientras estás en tratamiento y después de que se acabe el tratamiento. Explica las maneras en que tus seres queridos pueden ayudarte ahora y en el futuro.

E. **Conclusión** – Déjales saber a los miembros de tu grupo de apoyo que apreciarías su ayuda, pero que les corresponde a ellos decidir si quieren ayudar. Déjales saber que tu proveedor de tratamiento estará disponible para contestar preguntas.

3. Lee la carta en una sesión de terapia grupal o individual antes de compartirla con tu grupo de apoyo. Acepta la retroalimentación que recibas. Revisa y presenta la carta de nuevo en sesiones de terapia, hasta que ya no recibas más retroalimentación.

4. Coordina, con tu proveedor de tratamiento, un horario para la cita para reunirte con las personas en tu grupo de apoyo.

5. Firma una Autorización para Divulgación de Información Confidencial para permitir que tu proveedor de tratamiento pueda comunicarse con las personas en tu grupo de apoyo.

6. Reúnete con las personas en tu grupo de apoyo y lee la carta. Asegúrate de que tu proveedor de tratamiento y todas las personas en tu grupo de apoyo asistan a la reunión.

Contrato con Mi Grupo de Apoyo

Ahora que tienes un grupo de apoyo, necesitas proveerles detalles específicos sobre cómo pueden ayudarte. La forma más fácil de dejarles saber cómo ayudarte es desarrollar un Contrato de Grupo de Apoyo. Ese es un contrato entre tú y los miembros de tu grupo de apoyo acerca de lo que tienes que hacer y de cómo ellos pueden ayudarte.

Lo que estás tratando de hacer es la transición del "viejo yo" al "nuevo yo". Tienes que describir todas las cosas que estás haciendo para crear el "nuevo yo" para que tu grupo de apoyo pueda ayudarte.

No es suficiente con decirle a otros cómo estás tratando de cambiar. También tienes que decirles cómo te pueden ayudar a cambiar.

Usa el siguiente bosquejo para crear tu Contrato de Grupo de Apoyo. Lee cuidadosamente y contesta cada ítem, para que puedas escribir el Contrato de Grupo de Apoyo lo mejor que sea posible.

1. **Monitoreo** – Tu grupo de apoyo necesita ayudarte a observar posibles signos de que tu "viejo yo" está regresando. Tu "viejo yo" está regresando cuando comienzas a ponerte en situaciones de alto riesgo. Recuerda, una situación de alto riesgo puede ser una persona, lugar o cosa. Tu "viejo yo" está regresando cuando te pones en contacto con personas, lugares o cosas que te hacen más fácil usar vías criminales. **Tarea:** Enumera algunos signos de que tu "viejo yo" está regresando. Enumera tres personas de alto riesgo, tres lugares de alto riesgo, tres cosas de alto riesgo que serían signos de que estás recayendo.

2. **Retroalimentación** – Déjales saber a tus seres queridos la mejor manera en que pueden ofrecerte retroalimentación cuando vean signos del "viejo yo". **Tarea:** Escribe cosas específicas que tu grupo de apoyo puede decir para ayudarte a volver al camino correcto. Además, escribe cómo vas a responder a su retroalimentación.

3. **Reconocer el "Nuevo Yo"** – Tu grupo de apoyo necesita saber las maneras en las que estás cambiando, para poder apoyar los cambios que has hecho. En otras palabras, tu grupo de apoyo necesita conocer al "nuevo yo" para poder ayudarte a convertirte en el "nuevo yo" que quieres ser. **Tarea**: El "nuevo yo" se va a presentar en las maneras en que te sientes y

piensas. También se va a presentar en las maneras en que interactúas con los demás. Describe el "nuevo yo" describiendo las nuevas maneras en que el "nuevo yo" piensa, siente, y se relaciona con los demás. Debes poder enumerar por lo menos tres nuevas maneras en que piensas, tres nuevas maneras en que sientes o expresas emociones, y tres nuevas maneras en que te relacionas con los demás.

4. **Apoyo y Reconocimiento** – Hay dos maneras en las que tu grupo de apoyo puede ayudarte a convertirte en el "nuevo yo" que quieres ser. Primero, pueden apoyarte o ayudarte mientras tratas de crear un nuevo estilo de vida. Segundo, pueden reconocerte cuando te encuentran haciendo algo bien. **Tarea:** Enumera tres cosas que tu grupo de apoyo puede hacer para apoyarte mientras haces la transición a tu "nuevo yo". Enumera tres maneras en que tu grupo de apoyo puede reconocerte por conducta positiva.

5. **Firmas y Aprobación** – Al final de tu Contrato de Grupo de Apoyo, debes tener unos espacios para que tú y los miembros de tu grupo de apoyo firmen el contrato. También debes crear unos espacios para que tu proveedor de tratamiento y el oficial supervisor firmen el contrato.

Sobre el espacio en el que vas a firmar, debes escribir la siguiente declaración de acuerdo: "Yo estoy de acuerdo en cumplir con las reglas y acuerdos escritos en este contrato". Deja un espacio para tu firma.

Sobre el espacio en dónde tu grupo de apoyo va a firmar, debes escribir la siguiente declaración de acuerdo: "Yo estoy de acuerdo en cumplir con las reglas y acuerdos escritos en este contrato. Estoy de acuerdo en asistir a sesiones de terapia con mi ser querido cuando pueda. Estoy de acuerdo en reportar al proveedor de tratamiento cuando mi ser querido no cumpla con el contrato". Deja espacios para la firma de los miembros de tu grupo de apoyo.

Cuidado con las Divisiones

Las divisiones son cualquier cosa que hagas para dividir a tu grupo de apoyo y a tu proveedor de tratamiento. Una buena imagen para las divisiones es la imagen de cortar madera para leña. Cuando estás cortando la madera, haces una hendidura en un tronco. El tronco se divide y tienes dos pedazos en lugar de un tronco sólido

Cuando haces que tu grupo de apoyo le oculte un secreto a tu proveedor de tratamiento, divides a tu grupo de apoyo y tu proveedor de tratamiento. Otros clientes que han dividido a su proveedor de tratamiento y su grupo de apoyo usualmente le piden - o presionan - a un miembro de su grupo de apoyo a guardar secretos en cuanto a violaciones del Contrato de Grupo de Apoyo.

Para obtener los mayores beneficios de tu Contrato de Grupo de Apoyo, necesitas que tu proveedor de tratamiento y tu grupo de apoyo trabajen juntos. Mientras más ayuda tengas, mejores son tus posibilidades de tener éxito.

Con tan solo pensar en tratar de que alguien en tu grupo de apoyo guarde un secreto, ya has comenzado una división. La única manera de prevenir una división es no guardar secretos. La única manera de detener una división una vez haya comenzado es revelar tu secreto.

Tarea:

1. ¿Qué es una división?
2. ¿Cómo los secretos crean divisiones?
3. Para cada persona en tu grupo de apoyo, enumera tres maneras en las que podrías tratar de dividirlos de tu proveedor de tratamiento.
4. Enséñale tu lista de divisiones a los miembros de tu grupo de apoyo. Juntos, tú y los miembros de tu grupo de apoyo deben elaborar una manera específica de vencer cada una de las maneras en que podrías tratar de crear una división.

Solución de Problemas para el Grupo de Apoyo

Sabes que puede haber problemas en cualquier relación. No se trata de que *si* la relación va a tener problemas; se trata de *cuándo* la relación va a tener problemas. Los problemas que puedas tener con tu grupo de apoyo podrían incluir:

1. **Resentimiento** – Puede que resientas el que tu grupo de apoyo esté monitoreando tu conducta y vigilándote para ver si hay signos del "viejo yo".

2. **Canal Cerrado** – Puede que quieras mantener alguna información privada y no querer compartirla con los miembros de tu grupo de apoyo.

3. **Juego de Poder** – Puede que te envuelvas en una lucha de poder con alguno de los miembros de tu grupo de apoyo.

Así como tú puedes tener problemas con tu grupo de apoyo, no te debes sorprender de que los miembros de tu grupo de apoyo también puedan tener problemas contigo:

1. **Resentimiento** – Alguien en tu grupo de apoyo puede resentir tener que monitorearte constantemente y velar por signos de que tu "viejo yo" esté reapareciendo.

2. **Canal Cerrado** – Alguien en tu grupo de apoyo puede querer hablar sobre ciertas cosas pero decide quedarse con las cosas por dentro.

3. **Juego de Poder** – Alguien en tu grupo de apoyo puede frustrarse con todas las reglas y requisitos del Contrato de Grupo de Apoyo y trate de hacer que no las sigas.

Es cierto que cada relación tiene problemas. También es cierto que las relaciones no tienen que terminar solo porque haya problemas. Las relaciones sobreviven y crecen porque las personas en ellas pueden trabajan para solucionar sus problemas.

Has aprendido una manera de solucionar problemas que también funciona para problemas en las relaciones. Ya sabes cómo usar el Sándwich de Por Qué. Cuando comiences a experimentar problemas en tu relación con tu grupo de apoyo, puedes usar el Sándwich de Por Qué.

Qué: ¿Qué problema tengo?

Si alguien en tu grupo de apoyo y tú están teniendo problemas, describe el problema contestando las preguntas enumeradas abajo.

¿Cuál es el problema?   *¿Dónde sucedió?*

¿Quiénes están involucrados?   *¿Cuántas veces ha sucedido?*

¿Cuándo sucedió?   *¿Cómo comenzó?*

¿Cómo pasó?   *¿Quién sabe sobre el problema?*

Por qué: ¿Por qué es un problema?

No es suficiente con poder describir el problema; debes poder explicar por qué el problema es importante. Tus respuestas a las siguientes preguntas te deben decir por qué es importante.

¿Por qué es un problema?   *¿Por qué otros piensan que es un problema?*
¿Han salido lastimadas otras personas? *¿Es parte de un patrón?*
¿Por qué es un problema para mí?   *¿Por qué es un problema para otras personas?*

Qué: ¿Qué voy a hacer respecto al problema?

Una vez hayas identificado tu problema y entiendas por qué es un problema, necesitas hacer algo al respecto. Pregúntate las siguientes preguntas para que puedas generar un plan de acción para eliminar tu problema. Recuerda tomar acción una vez tengas un plan.

¿Qué puedo hacer?   *¿Cómo puedo prevenir el problema en el futuro?*
¿Alguien me puede ayudar?   *¿Qué han hecho otras personas en una situación similar?*

Los miembros de tu grupo de apoyo y tú necesitan aprender a usar el Sándwich de Por Qué para solucionar problemas con el Contrato de Grupo de Apoyo. Si haces buen uso del Sándwich de Por Qué con tu grupo de apoyo, vas a mejorar tu relación con los miembros de tu grupo de apoyo. Probablemente también vas a mejorar tus relaciones con prácticamente cualquier persona con la que interactúes.

<u>Tarea</u>

1. Escoge a alguien de tu grupo de apoyo con quien hacer esta tarea. Si quieres puedes escoger a dos personas, por ejemplo, tu padre y madre.

2. Prepara una lista de problemas que tienes con la persona con quien escogiste hacer esta tarea. Pídele a la persona de tu grupo de apoyo que haga una lista de los problemas que tiene contigo.

3. Reúnete con el miembro de tu grupo de apoyo. Escoge un problema de la lista que el miembro de tu grupo de apoyo y tú crearon. Usa el Sándwich de Por Qué para resolver ese problema.

4. Una vez hayan encontrado una solución para el problema, describe cómo vas a monitorear la solución. Acuerda un tiempo para revisar el progreso para solucionar el problema.

5. Participa en una reunión de revisión con el miembro de tu grupo de apoyo con el propósito de ver si la solución del Sándwich de Por Qué está funcionando. Si la solución no está funcionando, usa el Sándwich de Por Qué de nuevo y busca una nueva solución.

6. Sigue monitoreando y revisando tu solución hasta que el miembro de tu grupo de apoyo y tú solucionen el problema. Recuerda que siempre puedes pedirle ayuda a tu proveedor de tratamiento en cualquier etapa del proceso de solucionar problemas.

Módulo Cinco: Preparación para un Estilo de Vida Ciudadano

Un científico hizo un experimento sobre destrezas de afrontamiento. Los sujetos en el experimento fueron dos ranas. Cada rana experimentó una condición diferente, y la manera en que las ranas reaccionaron nos enseña mucho sobre las destrezas de afrontamiento.

- **Condición Uno** – La rana fue puesta en una olla con agua en la estufa. Cuando la rana entró en el agua, el agua estaba a una buena temperatura para la rana. El experimentador comenzó a aumentar el calor a la rana, pero lo hizo lentamente, como un grado cada 10 minutos. Eventualmente, el agua se puso tan caliente que la rana murió por el calor. La rana nunca saltó de la olla porque el cambio fue tan lento y gradual que la rana nunca notó el cambio.

- **Condición Dos** – El experimentador tomó otra rana y la puso en una olla con agua a la temperatura exacta que mató a la rana en la Condición Uno. Cuando la segunda rana fue puesta en la olla, la segunda rana saltó y saltó hasta que se salió de la olla de agua. Esta rana fue de una condición de estar cómoda a una condición de estar en shock y necesitar afrontar la situación.

Después de años y años de ver a clientes tratar de cambiar de un "viejo yo" a un "nuevo yo", está claro que la mayoría de los clientes pueden hacer cambios significativos. Es también claro que es muy difícil mantener los cambios positivos. La razón es simple: los viejos hábitos del "viejo yo" comienzan a asomarse muy lentamente, en pequeños pasos. El cambio de regreso a tu "viejo yo" es tan gradual que no lo notas. Entonces, un día levantas la vista y dices, *"¡Oh no! ¿Cómo pasó esto? ¿Cómo comencé a actuar de esta manera otra vez?"*.

La respuesta a esas preguntas es muy fácil. El cambio de regreso a tu "viejo yo" fue tan gradual que no lo notaste. No te diste cuenta de que necesitabas afrontarlo, así que no hiciste nada para detener el regreso de tu "viejo yo". Eras como la rana en la Condición Uno. No afrontaste porque no sabías que necesitabas afrontar.

Si quieres notar cuando los viejos hábitos están asomándose de nuevo en tu vida, tienes que notar el proceso lento de recaída y detenerte a ti mismo. Cuando veas que estás recayendo, debes escoger regresar a conductas saludables en lugar de poco a poco volver a caer en viejos hábitos. La meta de esta parte del manual es que desarrolles tu propio método para ver cuándo los viejos hábitos se están asomando de nuevo, para que puedas usar las destrezas que desarrollaste durante el tratamiento.

Si quieres apreciar cuán importantes son los hábitos, solo considera algunas de las cosas que personas reconocidas han dicho sobre los hábitos a través de la historia de la civilización:

- *"Es más fácil prevenir malos hábitos que romperlos"* –Ben Franklin
- *"Primero nosotros hacemos nuestros hábitos, luego nuestros hábitos nos hacen a nosotros"* –John Dryden
- *"Ganar es un hábito. Desafortunadamente perder también lo es"* –Vince Lombardi
- *"Somos lo que hacemos repetidamente. La excelencia, entonces, no es un acto, es un hábito"* –Aristotle
- *"Las cadenas del hábito son generalmente muy pequeñas para sentirlas hasta que son muy fuertes para romperlas"* –Samuel Johnson
- *"La mayoría de las personas no tienen la voluntad para romper malos hábitos. Tienen muchas excusas y hablan como víctimas"* –Carlos Santana
- *"Las personas exitosas son simplemente aquellas con hábitos exitosos"* –Brian Tracy
- *"La única manera apropiada de eliminar malos hábitos es reemplazarlos con buenos"* –Jerome Hines
- *"Tu valor neto para el mundo es usualmente determinado por lo que queda después de que tus malos hábitos son restados de los buenos"* –Ben Franklin
- *"Mis malos hábitos no son mi carácter. Mis fortalezas y mi talento son mi carácter"* –Layne Staley

¿Cuáles son Mis Viejos Hábitos?

Los científicos que estudian la conducta humana han encontrado que más del 40 por ciento de las acciones que realizamos cada día no son el resultado de decisiones conscientes sino que son el resultado de los hábitos. Un hábito es una conducta, patrón de pensamiento, o reacción emocional que has repetido tantas veces que ya puedes hacerlo sin tener que tomar la decisión consciente de hacerlo.

Un hábito se compone de tres pasos: Señal → Rutina → Recompensa. Cuando completas los tres pasos de este circuito, el hábito llega a su final, hasta la próxima vez que haya una señal.

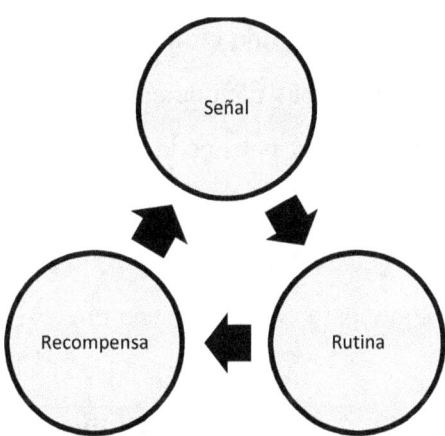

Una señal es cualquier cosa que provoca que tu cerebro utilice alguno de los hábitos que has creado. Las señales pueden ser prácticamente cualquier cosa: un olor, una imagen, un sonido, un evento, o hasta un pensamiento.

Una rutina puede ser un conjunto de conductas, un patrón de pensamiento, o una reacción emocional. Muchas veces vemos a los hábitos como conductas, pero no tienen que ser conductas. También podemos tener hábitos emocionales o mentales.

La recompensa es el resultado que te deja saber que ese hábito es algo que quieres volver a hacer en el futuro. Prácticamente, cualquier cosa puede ser una recompensa, pero usualmente es algo que te hace sentir bien, como el chocolate, el orgullo o un elogio.

Una vez has creado un hábito, una señal provoca el hábito y tu cerebro, automáticamente y con poco esfuerzo, te hace pasar por la rutina. El hábito se termina cuando obtienes la recompensa. A menos de que conscientemente trabajes para detener o prevenir un hábito, la mayoría de los hábitos se dan automáticamente.

Si quieres mantener los cambios positivos que has hecho al completar las tareas de este manual, vas a tener que evitar que los viejos hábitos vuelvan a tu vida. El primer paso para prevenir el regreso de los viejos hábitos es reconocer cuando estas recayendo en esos viejos hábitos. Luego debes desarrollar un plan para superar los malos hábitos.

Tarea

Identifica cinco viejos hábitos que usabas en cinco diferentes partes de tu día antes de empezar a hacer el cambio al estilo de vida ciudadano. Se trata de identificar malos hábitos que usabas durante el día cuando usabas conductas que te hacían daño a ti y a otros, así que podría ayudar si buscas malos hábitos para cada una de las siguientes partes del día: (1) despertar y prepararte para comenzar tu día, (2) salir de la casa para ir a la escuela, (3) conducta en la escuela, (4) tu rutina de después de la escuela, y (5) tu rutina de ir a dormir. Quizás quieras crear una tabla como la que sigue para completar esta tarea.

	Señal	Rutina	Recompensa
Despertar			
Recorrido			
Durante el día			
Después de la escuela			
Antes de dormir			

Control de Hábitos

Tienes que aprender a controlar tus viejos hábitos si quieres vivir un estilo de vida ciudadano. Hay algunas buenas noticias y algunas malas noticias sobre el control de hábitos:

- **Buenas Noticias** – Los científicos han estudiado el control de hábitos, y sabemos que es posible cambiar de hábitos. Puedes cambiar los viejos hábitos creando nuevos hábitos para reemplazar los viejos hábitos. Suena más fácil de lo que es, pero la buena noticia es que conocemos el secreto del control de hábitos: puedes cambiar un hábito reemplazándolo con otro hábito.

- **Malas Noticias** – No es posible eliminar o borrar un viejo hábito. Todo lo que puedes hacer es dormir el viejo hábito usando un hábito de reemplazo. Si siempre usas el nuevo hábito, el viejo hábito nunca se despierta. Si recayeras y el viejo hábito regresara, recuerda que el nuevo hábito que estás usando solo está dormido. Puedes despertar el nuevo hábito comenzando a usarlo nuevamente.

Si quieres hacer que un viejo hábito se vaya, tienes que crear un nuevo hábito. Puedes hacer eso cambiando las diferentes partes del circuito del hábito.

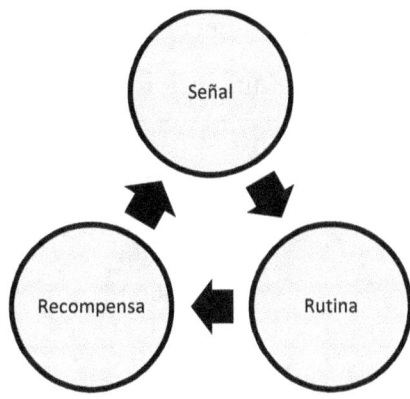

- **Señal** – No puedes eliminar las señales. Lo único que puedes hacer para cambiar la parte de la señal en el circuito del hábito es reducir el número de veces que entras en contacto con la señal para el viejo hábito.

- **Rutina** – Esta es la parte más importante del circuito del hábito cuando se están creando nuevos hábitos. Tienes que crear una nueva rutina para usar cuando aparezca la señal del viejo hábito.

- **Recompensa** – Una vez hayas creado tu nuevo hábito, tienes que asegurarte de que termine con una recompensa. Puede que la recompensa que obtengas de tu nueva rutina no sea exactamente la misma recompensa que obtenías del viejo hábito, pero de todas maneras la nueva rutina tiene que ser gratificante.

Cambiar un hábito requiere de mucho esfuerzo. Tienes que atacar el viejo hábito creando un nuevo hábito que pueda vencer el viejo hábito. Una vez has creado un nuevo circuito del hábito, este puede convertirse en tu hábito. Tu nuevo hábito va a reemplazar a tu viejo hábito.

Tarea

Usa la tarea que completaste en la lección anterior. Enumera las señales de la tarea anterior y luego escribe un plan detallado para una nueva rutina para cada una de las cinco señales. Una vez tengas las nuevas rutinas, puede que notes que las recompensas han cambiado. Asegúrate de identificar la recompensa que recibirás de la nueva rutina.

	Señal	Rutina	Recompensa
Despertar			
Recorrido			
Durante el día			
Después de la escuela			
Antes de dormir			

Haciendo Que el Cambio sea Duradero

Para este momento, ya sabes que si quieres cambiar un hábito tienes que crear un nuevo hábito para reemplazarlo. Crear un nuevo hábito no es difícil - lo que es difícil es hacer que el nuevo hábito sea duradero. Si quieres que el nuevo hábito sea duradero tienes que creer que puedes cambiar. Creer es lo único que puede hacer que un hábito sea duradero.

De vez en cuando, todos tenemos días muy malos. En esos días, una nueva rutina no va a ser suficiente para sostenerte. Necesitas creer en ti mismo y tu nuevo hábito. Tienes que creer que puedes afrontar la situación usando el nuevo hábito y que no tienes que volver a usar el viejo hábito.

Una de las cosas más difíciles de hacer es creer en aislamiento. Las creencias parecen más fuertes y más reales si la creencia es compartida con otros. Las creencias son más fuertes cuando hablas de tus creencias con otros que tienen creencias similares.

Si quieres hacer que las creencias duren, tienes que hablar con otros sobre tu nuevo hábito, y ellos tienen que apoyarte. Ellos tienen que creer lo mismo que tú crees. Ellos tienen que creer que tu nuevo hábito es lo correcto y que puedes reemplazar tu vieja rutina con una nueva rutina.

Crear una nueva rutina	Encontrar un grupo de apoyo	Creer en ti mismo

Puede que tengas dudas de tu capacidad para cambiar, pero si estás rodeado de personas que creen en ti, puede que empieces a dudar tus dudas. Es como si el cambio se hiciera real cuando podemos verlo en los ojos de otras personas. Una vez creemos que otras personas creen en nosotros, entonces nosotros podemos creer en nosotros. Creer en nosotros mismos es lo que hace que el cambio dure.

Tarea

1. Haz una lista de diez razones por las que crees que puedes hacer el cambio y vivir un estilo de vida ciudadano.

2. Haz una lista de personas que te pueden ayudar a creer que puedes hacer el cambio a un estilo de vida ciudadano. Sugerencia: Las personas en tu grupo de apoyo pueden ser de ayuda para ti.

3. Comparte la lista de las razones por las que crees en ti mismo con las personas que enumeraste arriba. Pregúntales si pueden darte una razón adicional por la que debas creer en ti mismo.

Mis Situaciones de Alto Riesgo

Una situación de alto riesgo es cualquier persona, lugar, o cosa que pueda facilitar el que recaigas en un viejo mal hábito. Muchas personas se engañan en pensar que una situación de alto riesgo es solo un lugar, pero no es así. Una situación de alto riesgo puede ser también una persona o cosa.

- **Personas de Alto Riesgo** – Una persona de alto riesgo es cualquier persona que pueda facilitar que tu viejo hábito regrese. Alguien con quien acostumbrabas a usar drogas o cometer crímenes sería una persona de alto riesgo. Alguien a quien victimizaste en el pasado también sería una persona de alto riesgo. Las personas que no creen en ti también son de alto riesgo.

- **Lugares de Alto Riesgo** – Algunos lugares facilitan el que recaigas en viejos hábitos. Por ejemplo, si has tenido problemas con drogas y vas a la casa de un usuario de drogas, estarías en un lugar de alto riesgo.

- **Cosas de Alto Riesgo** – Hasta los objetos pueden ser situaciones de alto riesgo. Por ejemplo, una pipa sería una cosa de alto riesgo para una persona que abusa de la mariguana. Un símbolo de una ganga sería una cosa de alto riesgo para alguien que estaba en una ganga.

Si quieres mantener los cambios positivos que has hecho como resultado de completar las tareas de este manual, necesitas poder afrontar tus situaciones personales de alto riesgo. Para hacer eso, necesitas hacer tres cosas. Primero, necesitas poder reconocer tus situaciones de alto riesgo. Segundo, necesitas tener un plan para manejar cada una de esas situaciones de alto riesgo. Tercero, tienes que usar el plan <u>todas las veces</u> que entres en contacto con alguna de tus situaciones de alto riesgo.

<u>Tarea</u>

1. Prepara una lista de tus situaciones de alto riesgo. Como mínimo, necesitas enumerar tres personas de alto riesgo, tres lugares de alto riesgo, y tres cosas de

alto riesgo. En otras palabras, debes tener por lo menos nueve situaciones enumeradas.

2. Para cada una de las situaciones de alto riesgo en la lista, escribe un plan de afrontamiento. Un plan de afrontamiento es una manera positiva y saludable de evitar, escapar o eliminar la situación de alto riesgo.

Afrontando las Recaídas

Nadie es perfecto. En cualquier momento, un mal hábito puede asomarse, y puedes regresar a algunas viejas conductas. Eso se conoce como recaída. Hay maneras saludables o nocivas de afrontar las recaídas.

Maneras Saludables de Afrontar las Recaídas:

- **Riesgo de Recaer** – Cuando ocurra una recaída, no te trates mal a ti mismo. Admite que cualquier persona, incluyéndote, puede recaer.

- **Auto-Conocimiento** – Cuando ocurra una recaída, dale una mirada a tu circuito del hábito. Trata de identificar las señales que detonaron el viejo hábito.

- **Destrezas** – Cuando ocurra una recaída, toma acción y usa tus destrezas de afrontamiento. Aprendiste muchas destrezas de afrontamiento durante el tratamiento, por ejemplo ACE y el Sándwich de Por Qué. Usa tus destrezas de afrontamiento para manejar la recaída.

- **Grupo de apoyo** – Cuando ocurra una recaída, habla con tu grupo de apoyo. Déjales saber que tuviste una recaída y déjales saber lo que necesitas de ellos, por ejemplo, necesitas que te ayuden y que crean en ti.

Maneras Nocivas de Afrontar las Recaídas:

- **Aislamiento** – Si te alejas de tu grupo de apoyo después de una recaída, estás haciendo que las cosas empeoren. Antes de que te des cuenta, estarás viviendo una doble vida otra vez.

- **Secretos** – Si comienzas a guardar secretos después de una recaída, tus secretos te van a enfermar, porque los secretos son veneno. Mientras más secretos tengas, más te vas a enfermar y más bajo vas a caer en tus viejos malos hábitos.

- **Bajar estándares** – Una de las peores cosas que puedes hacer después de una recaída es bajar los estándares y decirte a ti mismo que no puedes vivir un estilo de vida ciudadano porque es muy difícil. Cuando bajas el estándar, dejas de creer en ti mismo.

- **Baja Autoestima** – Si tienes una recaída y te tratas mal a ti mismo, te dices cosas negativas como, "Admítelo. No puedes cambiar. Siempre vas a ser un criminal". Vas a perder la confianza en tu capacidad de afrontar y de tener éxito.

Aun si en efecto tienes una recaída, puedes revertir una recaída. Las recaídas no son diferentes de cualquier otra conducta humana. Siempre puedes cambiar.

Mientras más rápido respondas a una recaída, menores las posibilidades de que permanezcas en la recaída. Puedes estar seguro de que vas a recaer si no haces nada. Si en efecto tienes una recaída, haz algo y hazlo inmediatamente. Afróntalo rápido - ¡no te quedes en la recaída!

No te culpes por tus recaídas. Eso lleva a bajar el autoestima. En lugar de culparte, usa el Sándwich de Por Qué y encuentra cómo afrontar la situación.

Cuando estés tratando de superar una recaída, no te enfoques en ti mismo. Trata de encontrar cómo interrumpir el proceso de recaída cuando veas que está ocurriendo. Manejar efectivamente una recaída no tiene que ver con TU persona; tiene que ver con situaciones de alto riesgo, señales, y control de hábitos.

No trates de vencer una recaída por ti mismo. Invita a otros a ayudarte con la recaída. Cuenta con tu grupo de apoyo.

La recaída es un proceso muy lento que se da durante un largo período de tiempo. Es de hecho bastante difícil darte cuenta de que estás recayendo. Es por eso que necesitas saber la diferencia entre el afrontamiento efectivo y el inefectivo. Sobre todo, cuando notas que estás recayendo, haz algo saludable para salirte de ese camino.

Tarea

1. En un lado de una tarjeta, enumera diez signos que te dejan saber que estás recayendo.
2. En el otro lado de la tarjeta, escribe diez cosas que puedes hacer para afrontar una recaída. Sugerencia: Algunas de las cosas que puedes hacer están enumeradas en esta lección.
3. Lleva contigo esa tarjeta por una semana. Mira la tarjeta antes de desayunar, almorzar y cenar. Si notas cualquier signo de recaída, voltea la tarjeta y usa una de las técnicas de afrontamiento que anotaste.

Resumen de Alta

Cuando un proveedor de tratamiento termina el tratamiento con un cliente, el proveedor de tratamiento escribe un resumen de alta, que sirve para identificar todos los cambios importantes que ha hecho el cliente. Tiene sentido que la última tarea de este manual sea que escribas tu propio resumen de alta. Puedes usar este resumen de alta para recordarte a ti mismo los cambios importantes que hiciste. También puedes usar este resumen de alta para mantenerte en el camino correcto.

1. **<u>Pensamientos</u>** – Describe tu estilo de pensamiento antes de comenzar este programa y ahora que te estás preparando para salir de tratamiento. Puedes incluir cosas tales como la forma en que pensabas sobre ti mismo, tu familia, y la sociedad.

2. **<u>Emociones</u>** – Describe como tu funcionamiento emocional ha cambiado como resultado de estar en este programa. Puedes incluir cosas tales como poder nombrar y expresar las emociones.

3. **<u>Relaciones</u>** – Describe tu estilo de relacionarte antes del tratamiento y ahora que te preparas para salir del tratamiento.

4. **<u>Auto-Regulación</u>** – ¿Tienes más control de ti mismo y de tu vida? Si es así, explica. Puede que quieras incluir cómo tu auto-control ha cambiado con respecto a tu vida en el hogar, tu trabajo, la criminalidad , y la sexualidad.

5. **<u>Creencias Personales sobre Ti Mismo</u>** – Describe tu auto-concepto antes y después de tratamiento. Tu auto-concepto es todas las creencias que tienes sobre ti mismo. ¿Cómo vas a usar tus creencias sobre ti mismo para asegurarte de vivir un estilo de vida ciudadano?

Pruebas de los Módulos

Si te beneficias de este programa, lo que aprendas durante las sesiones de tratamiento va a hacer una diferencia afuera de las sesiones de tratamiento. La manera más fácil de ser diferente afuera de las sesiones de tratamiento es llevar el aprendizaje de las sesiones de tratamiento a tu vida diaria. La manera más fácil en la que puedes hacer esto es memorizar lo que has aprendido. Si quieres estar seguro de haber memorizado la información nueva, compruébalo tomando y pasando las pruebas de los módulos.

Carta a un Compañero de Viaje

1. ¿Qué significa decir, "El viajero y el viaje no son lo mismo"?
2. ¿Qué significa decir, "La persona y el camino no son lo mismo"?
3. Si has tomado malas decisiones en el pasado, ¿Eso significa que eres malo?
4. ¿Qué puedes hacer si no te gusta el camino por donde vas?
5. ¿Puedes detener el cambio?
6. Si el cambio va a pasar de todas maneras, ¿crees que debes tomar decisiones y escoger el cambio que quieres en tu vida?

Introducción

7. ¿Qué significa ver la vida como restaurante de comida rápida?
8. ¿Cuáles son las cinco razones por las que ver la vida como restaurante de comida rápida nunca va a funcionar?
9. ¿Qué significa cuando decimos que ver la vida como restaurante de comida rápida no funciona porque estas en minoría?
10. ¿Cómo es que el estar en minoría va a llevar a que te atrapen cuando haces cosas malas?
11. ¿Por qué ver la vida como restaurante de comida rápida es una forma realmente mala de hacer dinero?
12. ¿Cómo es que no puedes mantener las cosas que obtienes cuando ves la vida como restaurante de comida rápida?
13. ¿Cómo es que terminas teniendo menos libertad cuando ves la vida como restaurante de comida rápida?

14. ¿Cuál es el propósito de este Manual?

15. Explica "viejo yo"

16. Explica "nuevo yo"

17. ¿Cuándo se supone que completes las tareas de este manual?

18. ¿Por qué esta bien recibir retroalimentación del grupo sobre tus tareas?

19. ¿Cuáles son las tres maneras en que puedes demostrar que has cambiado?

20. ¿Qué es un manual de ofensa específica?

21. ¿Qué es un manual psicoeducativo?

Módulo Uno: Orientación y Preparación para el Cambio

22. Define "error de pensamiento".

23. ¿Cómo puedes usar tu conocimiento sobre errores de pensamiento para asegurarte de no cometer crímenes?

24. Define "juego de poder".

25. Define "canal cerrado".

26. Define "sentirse con derechos".

27. Define "hacerse la víctima".

28. Define "llamar la atención".

29. Define "justificar".

30. Define "minimizar".

31. Define "super-optimismo".

32. Define "pertenencia".

33. Define "haciendo lucir a otros como tontos".

34. Define "no poder esperar".

35. Explica cómo mantener un registro de pensamientos.

36. ¿Cuál es el propósito de mantener un registro de pensamientos?

37. Define "vías criminales".

38. Define "precursores del crimen".

39. Enumera cinco precursores del crimen.

40. ¿Cómo puedes convencerte a ti mismo de cometer un crimen diciéndote que hay una manera correcta de hacer algo incorrecto?

41. Define "conducta criminal".

42. ¿Cuáles son las cuatro formas en que puedes mostrar conducta criminal?

43. Define "conducta ciudadana".

44. ¿Cuáles son los tres criterios de la conducta ciudadana?

45. Define "honestidad".

46. Para completar este programa, ¿sobre qué tienes que ser honesto?

47. Enumera tres cosa buenas que van a pasar si eres honesto.

48. Enumera dos razones por las que la mayoría de las personas rehúsan ser honestas sobre sus problemas.

49. Enumera las dos maneras en que puedes hacer cambios personales.

50. ¿Cuáles son los cuatro pasos para cambiar de la manera fácil?

51. Define "auto-conocimiento".

52. Define "auto-monitoreo".

53. Define "auto-control".

54. Explica la manera difícil de cambiar.

55. ¿Cuáles son los pasos de la manera difícil de cambiar?

56. ¿Qué es "probar los limites"?

57. ¿Qué es "lo clandestino"?

58. ¿Qué es "callejón sin salida"?

59. ¿Qué es "probar las aguas"?

60. ¿Qué significa "conversión"?

61. ¿Por qué debes cambiar?

62. ¿Qué causa felicidad duradera?

63. ¿Por qué cambiar a un estilo de vida ciudadano es como una desintoxicación?

64. ¿Por qué desaparece la paranoia cuando cambias a un estilo de vida ciudadano?

65. ¿Por qué los ciudadanos tienen poder verdadero y los criminales no?

66. ¿Los eventos causan emociones?

67. Explica cómo los pensamientos llevan a las emociones.

68. ¿Cuáles son las dos reglas para solucionar problemas?

69. ¿Cuáles son las tres partes del Sándwich de Por Qué?

70. Explica cada parte del Sándwich de Por Qué

71. ¿Qué representa "ACE"?

72. Explica cómo se puede evitar para manejar problemas.

73. Explica cómo se puede correr para manejar problemas.

74. Explica cómo funciona la visión de túnel.

75. Explica cómo funciona difundir pensamientos.

76. Explica cómo funciona verificar la realidad.

77. Explica cómo funciona ver el crimen a la inversa.

78. Explica cómo usar la regla dorada para controlar tu conducta.

79. ¿Qué papel desempeña tu oficial de supervisión o miembro del personal como parte de tu equipo de tratamiento?

80. ¿Qué papel desempeña tu proveedor de tratamiento como parte de tu equipo de tratamiento?

81. ¿Qué papel desempeñan los miembros de tu grupo de apoyo como parte de tu equipo de tratamiento?

82. ¿Qué papel tu desempeñas como parte de tu equipo de tratamiento?

Módulo Dos: Honestidad sobre Mi Conducta Criminal

83. Para ser honesto sobre tu ofensa, ¿sobre qué tienes que ser honesto?

84. ¿Por qué tienes que ser honesto sobre tu historia criminal?

85. Explica el dicho, "El crimen no sucede de la nada".

86. Define "impulso".

87. Define "fantasía".

88. Define "plan".

89. Define "preparación".

90. ¿Cuáles son las cuatro maneras en que un acto criminal puede hacer que una persona se sienta bien?

91. ¿Existe tal cosa como un crimen sin víctima? Explica tu respuesta.

92. Enumera por lo menos dos fantasías que tienen los criminales acerca de sus víctimas.

93. ¿Cómo puede un criminal justificar el cometer un crimen diciendo "él/ella se lo buscó?

94. ¿Qué significa "doble vida"?

95. ¿Cómo un criminal usa una doble vida con su víctima?

96. ¿Cómo un criminal usa una doble vida con su familia y amigos?

97. ¿Qué es la Hoja de Trabajo para Resumen de Ofensa?

98. ¿Qué es tu Derecho a la Quinta Enmienda?

99. ¿Cómo proteges tu Derecho a la Quinta Enmienda cuando estas completando el Cuestionario de Historia Criminal?

Módulo Tres: Auto-Control

100. ¿Qué significa "modus operandi" o MO?

101. ¿Qué quiso decir el sabio Cherokee cuando le dijo a su nieto que el lobo al que alimente es el que va a vivir?

102. ¿Qué son "escalones"?

103. Explica el papel que tienen los errores de pensamiento en los escalones.

104. Explica el papel que tienen las emociones desagradables en los escalones.

105. ¿Qué tipos de planes pueden ser pare de los escalones?

106. Define "detonante".

107. ¿Cuál es la manera saludable de manejar los detonantes?

108. ¿Cuál es la manera nociva de manejar los detonantes?

109. ¿Qué es la Técnica de las Tres Columnas?

110. ¿Qué va en la columna del centro de la Técnica de las Tres Columnas?

111. ¿Por qué la solución que escribas en la tercera columna de la Técnica de las Tres Columnas tiene que ser creíble?

112. ¿Cuáles son las cuatro emociones básicas?

113. ¿Cuál es la raíz del coraje?

114. ¿Cuál es la raíz del miedo?

115. ¿Cuál es la raíz de la tristeza?

116. ¿Cuál es la manera nociva de manejar las emociones desagradables?

117. ¿Cuál es la manera saludable de manejar las emociones desagradables?

118. Explica la idea, "No hay una manera correcta de hacer algo incorrecto".

119. ¿Qué significa "salirse de los escalones"?

Módulo Cuatro: Grupo de Apoyo

120. ¿Cuáles son algunas de las razones por las que puede que no quieras contarle a tu grupo de apoyo sobre las cosas que hizo tu "viejo yo"?

121. ¿Por qué es una buena idea que tu grupo de apoyo te monitoree?

122. ¿Cómo te puede ayudar la honestidad a formar relaciones saludables?

123. ¿Cómo te pueden ayudar las personas en tu grupo de apoyo durante el tratamiento?

124. ¿Cómo te pueden ayudar las personas en tu grupo de apoyo después del tratamiento?

125. ¿Cuál es el propósito de tu carta a tu grupo de apoyo?

126. ¿Cuál es tu contrato con tu grupo de apoyo?

127. ¿Por qué es importante dejarle saber a tu grupo de apoyo sobre tu "nuevo yo"?

128. ¿Por qué es importante que le pidas a tu grupo de apoyo reconocimiento y apoyo?

129. ¿Qué son divisiones?

130. ¿Cómo alguien puede crear una división entre su proveedor de tratamiento y grupo de apoyo?

131. Una vez alguien comienza una división, ¿cuál es la manera más rápida de detener una división?

132. ¿Cómo el resentimiento puede causar problemas en tu grupo de apoyo?

133. ¿Cómo acciones de canal cerrado pueden causar problemas en tu grupo de apoyo?

134. ¿Cómo acciones de juego de poder pueden causar problemas en tu grupo de apoyo?

135. ¿Cómo puedes usar el Sándwich de Por Qué para ayuda con tu grupo de apoyo?

Módulo Cinco: Preparación para un Estilo de Vida Ciudadano

136. Explica por qué el experimento de las ranas y el agua caliente es importante para entender cómo afrontamos el estrés.

137. ¿Cuánto de nuestra conducta diaria se debe a los hábitos?

138. ¿Cuáles son los tres pasos de un circuito de hábito?

139. ¿Cuál es la "señal" en el circuito de hábito?

140. ¿Cuál es la "rutina" en el circuito de hábito?

141. ¿Cuál es la "recompensa" en el circuito de hábito?

142. ¿Puedes cambiar tus hábitos?

143. ¿Cuál es la buena noticia sobre el cambio de hábitos?

144. ¿Cuál es la mala noticia sobre el cambio de hábitos?

145. ¿Cómo cambias un mal hábito?

146. ¿En qué parte del circuito de hábito te enfocas para crear un nuevo hábito?

147. ¿Es posible cambiar las señales?

148. ¿Cuáles son las dos cosas que tienes que tener para que un cambio en tus hábitos dure mucho tiempo?

149. ¿Por qué es importante lograr que las personas crean en ti cuando estas tratando de cambiar tus hábitos?

150. ¿Cómo puede un grupo de apoyo ayudarte a hacer cambios duraderos en tus hábitos?

151. ¿Por qué es importante creer en ti mismo si quieres hacer cambios duraderos en tus hábitos?

152. ¿Qué son "situaciones de alto riesgo"?

153. ¿Qué es una "persona de alto riesgo"?

154. ¿Qué es un "lugar de alto riesgo"?

155. ¿Qué es una "cosa de alto riesgo"?

156. ¿Qué es una "recaída"?

157. ¿Las recaídas llegan rápido o gradualmente? Explica tu respuesta.

158. ¿Cuáles son algunas maneras saludables de manejar una recaída?

159. ¿Cuáles son algunas maneras nocivas de manejar una recaída?

160. ¿Cuán rápido debes responder a una recaída? Explica tu respuesta.

161. ¿Debes culparte a ti mismo por una recaída? Explica tu respuesta.

162. ¿Cómo puede una autoestima baja empeorar una recaída?